A Internet no Brasil

no Brasil

Origens, Estratégia, Desenvolvimento e Governança

PETER T. KNIGHT

authorHOUSE®

AuthorHouse™
1663 Liberty Drive
Bloomington, IN 47403
www.authorhouse.com
Phone: 1-800-839-8640

Published by AuthorHouse   05/16/2014

ISBN: 978-1-4969-0409-6 (sc)
ISBN: 978-1-4969-0408-9 (hc)
ISBN: 978-1-4969-0407-2 (e)

Library of Congress Control Number: 2014906727

Sumário

Lista de Figuras e Tabelas

Figuras

Tabelas

Prefácio

Por Vint Cerf*

O livro que você começa a ler é uma importante contribuição para a história da Internet, em particular, no Brasil. Existem várias razões pelas quais esta é uma contribuição tão valiosa. Primeiro, o Brasil cresceu e se tornou um dos países mais prósperos e influentes, não só na América Latina, mas no cenário mundial. A maneira pela qual o Brasil conseguiu a introdução da Internet contém lições úteis para o resto da comunidade da Internet.

O Comitê Gestor da Internet no Brasil (CGI.br) é responsável por supervisionar e auxiliar o desenvolvimento da Internet no país. Para realizar suas atividades, ele criou uma entidade civil sem fins lucrativos, o Núcleo de Informação e Coordenação do Ponto BR (NIC.br), que oferece uma gama de serviços para a comunidade da Internet brasileira como é ilustrado no seu site, http://www.cgi.br/english/activities/index.htm e se explica no Capítulo 7 deste livro.

Mas o mais importante aspecto do CGI.br é seu modelo *multistakeholder* de formulação, adoção e execução de políticas

---

* Vint Cerf é amplamente conhecido como "Pai da Internet". Ele foi co-criador dos protocolos TCP/IP que governam os fluxos de informação e de pacotes e da arquitetura básica da Internet. Foi um dos fundadores da Internet Society e seu primeiro presidente, bem como o presidente da ICANN 2000-2007. Desde outubro de 2005 é Vice-Presidente e Chief Internet Evangelist da Google.

relativas à Internet no Brasil. O CGI.br inclui representantes do governo federal, da sociedade civil, das comunidades técnicas e acadêmicas e do setor privado. Em um momento em que há muita tensão entre os governos e outros membros da comunidade Internet sobre a política, este modelo serve como um lembrete do que é possível.

A história da Internet no Brasil começa na comunidade acadêmica, como em muitos outros países, inclusive nos Estados Unidos, onde a Internet foi implementada pela primeira vez. Ela se expandiu em escala e em penetração durante décadas, fortemente apoiada pelo desenvolvimento de smartphones e por redes de fibra óptica que trazem a alta velocidade e a conectividade críticas para o país. A isso, podemos acrescentar a existência de Pontos de Troca de Tráfico (PTTs) e um grande número de provedores de serviços da Internet. Todas essas tecnologias e as empresas que as disponibilizam contribuem para a vitalidade da Internet no Brasil.

O protecionismo na esfera de alta tecnologia que caracterizou a década de 1980 deu lugar a uma economia muito mais vibrante e internacional e isso criou um ambiente em que os empresários puderam prosperar. As universidades estão formando graduados bem-educados em disciplinas técnicas e de negócios, que alimentam um número crescente de novas empresas, cujas necessidades comerciais criam novos postos de trabalho que contribuem para a economia.

Nos últimos quatro anos, começando com uma declaração de dez princípios básicos elaborados pelo CGI.br, um debate altamente participativo que envolve todos os setores da comunidade da Internet no Brasil vem ocorrendo para desenvolver a legislação do chamado Marco Civil da Internet. Uma extensa *crowdsourcing* através da Internet, audiências públicas e seminários, além de debates no Congresso contribuíram para a elaboração desta legislação. Esta legislação foi aprovada na Câmara dos Deputados no dia 25 de marco, no Senado no dia 22 de abril e foi sancionada pela presidente Dilma Rousseff na abertura da NETmundial em São Paulo no dia 23 de abril de 2014. Tanto o seu conteúdo, que contribuirá para a governança da Internet, como o processo pelo qual ele foi elaborado são dignos de estudo por outros países e pela comunidade internacional da Internet.

Espero que outros autores, como fez Peter Knight, tomarão o tempo e esforço necessários para nos ajudar a entender a maneira pela qual a Internet é recebida e desenvolvida em muitos outros países do mundo. Nesse meio tempo, espero que você ache esse livro tão interessante quanto eu.

Apresentação

Este livro aprofunda um artigo mais jornalístico intitulado "A Internet no Brasil: Insuficiência estratégica restringe o progresso" no *Braudel Papers* n º 48, uma publicação do Instituto Fernand Braudel de Economia Mundial de São Paulo.[1] Queria, porém, escrever uma matéria mais longa, mais acadêmica e com referências e documentação completa para os leitores interessados numa exploração mais profunda do assunto.

Minha paixão pela Internet e seu enorme potencial para acelerar o desenvolvimento econômico, social e político remonta a 1992, quando eu dirigia uma unidade de treinamento externo do Banco Mundial que cuidava de gestão macroeconômica. Um dia, John Gage, na época trabalhando na Sun Microsystems, entrou no meu escritório e me apresentou ao navegador Mosaic e à World Wide Web. Mais tarde ele me apresentou a um dos pioneiros das TIC da Rússia, Sasha Galitsky. Apaixonei-me pela Internet e dois anos depois fundei o Centro de Mídia Eletrônica do Banco Mundial. Galitsky tinha liderado uma equipe de especialistas que controlavam satélites de espionagem da União Soviética. Em 1994 escrevemos juntos um artigo que apresentamos na Segunda Conferência Internacional sobre Educação à Distância na Rússia.[2] Atualmente Galitsky é um *venture capitalist* internacional.

Depois dessa primeira reunião tive a oportunidade de conversar com John em várias conferências. Muitos outros pioneiros da Internet me influenciaram nos últimos 20 anos. Estou especialmente em débito com Vinton Cerf, um dos pais da Internet e fonte de encorajamento de longa data, por ter escrito o prefácio deste livro. John Gage, George Sadowsky, Larry Landweber, Steve Goldstein, Spartak Belyaev, Sasha Galitsky, Yuri Hohlov, Tatiana Ershova, Nancy Hafkin, Hisham el Sherif, Mike Jenson, Venâncio Massingue, Demi Getschko, Michael Stanton, Carlos Afonso, Tadao Takahashi, Ivan Moura Campos e muitos outros pioneiros da Internet de vários países também inspiraram meu trabalho.

Em certa ocasião, numa conferência no Banco Mundial, me lembro de ver John Gage levantar-se e dizer ao então presidente da instituição, James Wolfensohn: "Senhor Presidente, tenho apenas uma recomendação a fazer. Em qualquer projeto financiado pelo Banco Mundial, que envolva escavar (esgotos, dutos, ferrovias), coloque fibra óptica. A fibra é barata, e a escavação é cara. Este é um investimento de baixo custo, com retornos muito elevados." Isso estimulou o meu interesse pelas redes de fibra óptica, o que deve se tornar evidente neste livro.

Desde 1967, tenho trabalhado por muitos anos, em diversas organizações, sobre/ou no Brasil. Em 2000, o Segundo Fórum Global sobre eGovernment foi realizado em Brasília, e, seguindo a sugestão de um amigo, decidi participar. O presidente Fernando Henrique Cardoso (FHC) e um velho amigo, Pedro Parente, na época Ministro Chefe da Casa Civil, palestraram neste evento. Fiz muitos contatos lá e, dois anos mais tarde, eu e três outros entusiastas do eGoverno, montamos uma equipe de cerca de 40 especialistas para escrever um livro, *e-gov.br: A próxima revolução brasileira*, publicado em 2004.[3]

Sob a nova administração do presidente Luiz Inácio da Silva (Lula), a prioridade dada ao governo eletrônico diminuiu, mas houve uma nova ênfase na inclusão digital da população, embora com poucos recursos sendo alocados para atingir esse objetivo e programas mal coordenados em vários ministérios. Buscando construir o apoio nacional para uma estratégia de eDesenvolvimento nacional, multi-sectorial e abrangente para tirar partido da revolução das TIC, dois colegas brasileiros (um do governo federal, Ciro Fernandes, outra da academia, Maria Alexandra Cunha) e eu lançamos o projeto e-Brasil. Mobilizamos uma equipe de 70 especialistas, inclusive alguns do exterior, que escreveram os capítulos sobre a experiência relevante em outros países. Mas dos 40 capítulos do livro, 33 analisaram experiências brasileiras.

Esta equipe incluiu profissionais titulares de cargos no governo Lula, assim como da segunda administração FHC, dos governos estaduais, da academia, do setor privado e de organizações da sociedade civil. A equipe representou uma ampla gama de perspectivas políticas e ideológicas. Realizamos uma conferência internacional em 2005 e produzimos dois livros, abrangendo tanto a estratégia quanto as aplicações numa ampla gama de atividades governamentais e do setor privado. Um deles, resumindo nossas pesquisas e recomendações, foi lançado antes das eleições de 2006.[4] O segundo, uma versão mais completa, *e-Desenvolvimento no Brasil e no mundo: subsídios e Programa e-Brasil*[5], foi publicado com o apoio da Câmara Brasileira de Comércio Eletrônico em 2007. Ambos foram amplamente distribuídos. O segundo foi lançado no Congresso Nacional, em 2007 e ganhou o cobiçado Prêmio Jabuti da Câmara Brasileira do Livro, em 2008.

O impacto do projeto e-Brasil sobre as políticas do governo é difícil de avaliar. No entanto, um membro da equipe, André Barbosa Filho, fazia parte da equipe da Casa Civil do presidente Lula, e outro era o Secretário de Logística e Tecnologia da Informação do Ministério do Planejamento, Orçamento e Gestão. Este último, Rogério Santanna, foi um dos principais autores do Programa Nacional de Banda Larga, iniciado no final do segundo governo do presidente Lula e analisado no capítulo 3 do presente livro. Mais tarde, ele se tornou o primeiro presidente da Telebras, o instrumento escolhido para a implementação do Programa Nacional de Banda Larga na administração da presidente Dilma Rousseff. Talvez a sua participação no projeto e-Brasil e a distribuição do livro dentro dos círculos do governo tenha tido alguma influência. É difícil de dizer. O projeto e-Brasil foi uma iniciativa de nossa equipe diversificada, e não do governo.

Porém, o objetivo principal do projeto e-Brasil, o desenvolvimento de uma estratégia holística de e-desenvolvimento para o Brasil, que hoje chamamos de uma estratégia de eTransformação, ainda resta por ser alcançado. Decepcionado com o resultado, me dediquei à comparação da experiência do Brasil com a de outros países e a extrair algumas conclusões gerais para orientar esforços futuros. Eu e meu ex-colega do Banco Mundial e guru de eTransformação, Nagy Hanna, fomos editores e autores participantes de dois livros que cobrem um total de oito países, publicados em 2011 e 2012.[6]

No Brasil me tornei um participante ativo no desenvolvimento de redes de fibra óptica, trabalhando em projetos nos estados do Acre, Ceará e Rio de Janeiro, em estreito contato com a Rede Nacional de Ensino e Pesquisa (RNP). Vi a RNP como um parceiro valioso para os estados que buscam construir ou expandir suas próprias redes. Acredito que a rápida expansão das redes de fibra óptica irá fornecer a infraestrutura indispensável para apoiar as transformadoras aplicações avançadas que a equipe e-Brasil defendia para acelerar a economia do país, o desenvolvimento social e político, assim como para melhorar a sua competitividade nos mercados internacionais.

Quando Norman Gall, diretor executivo do Instituto Braudel, me pediu escrever um longo artigo sobre a Internet no Brasil para *Braudel Papers*, aceitei, mais uma vez tentando promover o desenvolvimento de uma estratégia de eTransformação, e a infraestrutura de TIC necessária para apoiá-la. O presente livro é uma extensão daquele esforço que visa documentar o que foi alcançado até agora e sugerir o que resta ser feito.

O apoio da liderança e do pessoal do Instituto Braudel foi fundamental para motivar e executar o meu trabalho. Gostaria de agradecer a inúmeros colegas brasileiros e internacionais por suas contribuições para o meu próprio conhecimento e desenvolvimento.

Para este livro, tenho uma profunda dívida de gratidão com Vint Cerf por ter escrito o prefácio; Carlos Afonso, Guilherme Almeida, Fred Morris, João Moura, Marcelo Bechara, Michael Stanton, Nagy Hanna e Norman Gall, que leram e comentaram vários rascunhos e também com Ciro Fernandes e Dirceu Natal que muito ajudaram a melhorar a tradução deste livro do inglês original.

Alexandre Barbosa facilitou o acesso aos dados das pesquisas do CETIC.br. Artur Coimbra, Ludmila Ribeiro e Pedro Araújo, do Ministério das Comunicações, ajudaram com o acesso a estudos importantes disponíveis no Ministério das Comunicações. Basílio Perez e Breno Vale, da Associação Brasileira de Provedores de Internet e Telecomunicações (Abrint), me apresentaram a muitos pequenos e médios provedores, que chamo Bandeirantes da Banda Larga. Robert DeGroff e Tyler Elliott da AuthorHouse me guiaram num processo editorial acelerado, com respostas rápidas a todas minhas perguntas.

Agradeço especialmente à minha esposa Zaida seu apoio na revisão das provas, no aprimoramento da tradução do manuscrito ao português e por aguentar meu intenso esforço ao longo dos últimos meses, enquanto eu pesquisava e escrevia o artigo e agora o livro. É claro que a responsabilidade por quaisquer erros factuais ou de interpretação é minha.

Peter T. Knight

Sócio fundador, pesquisador e membro do Conselho Diretor

Instituto Fernand Braudel de Economia Mundial

Rio de Janeiro, abril de 2014

Apresentação

[1] Versões em inglês e português podem ser baixadas em formato pdf em http://pt.braudel.org.br/publicacoes/braudel-papers/48.php. Acessado 25/02/2014.

[2] Galitsky et al. (1994).

[3] Chahin et al. (2004).

[4] Knight & Fernandes (2006).

[5] Knight, Fernandes & Cunha (2007).

[6] Hanna & Knight (2011 e 2012).

Capítulo 1

A Importância Estratégica da Internet para o Desenvolvimento do Brasil

Tanto os brasileiros quanto os observadores internacionais estão propensos a visões contraditórias do futuro do Brasil. Um escritor austríaco, Stefan Zweig, cunhou a expressão "Brasil, País do Futuro", título de um livro perspicaz originalmente publicado em 1941.[1] De um jeito mais pessimista, os brasileiros costumam dizer que o Brasil é o país do futuro e sempre será. Durante a ditadura militar (1964-1985), a propaganda alardeava que "o Brasil era o país do futuro, mas agora o futuro chegou", uma expressão otimista repetida pelo presidente dos Estados Unidos, Barak Obama, durante uma visita ao Rio de Janeiro, em 2011.

No início de 2014, o clima é mais sombrio. O crescimento econômico tem sido anêmico ao longo dos últimos três anos, a inflação está em alta, e o índice de confiança do eleitorado nas suas instituições políticas, de acordo com uma pesquisa de opinião pública realizada pelo IBOPE, atingiu o nível mais baixo desde o início desta pesquisa anual em 2009: 25 para os partidos políticos e 29 para o Congresso numa escala de 0 a 100.[2] Em junho de 2013, mais de dois milhões de manifestantes, em grande parte mobilizados através da Internet, foram às ruas em centenas de cidades do país para protestar contra a corrupção, a impunidade e os serviços públicos ruins. Muitos esperam que protestos em massa desse tipo se repitam durante os jogos da Copa do Mundo que acontecerão em junho e julho de 2014.

Em abril, antes da Copa do Mundo, outro evento internacional, menos divulgado, foi realizado no Brasil, o Encontro Multissetorial Global sobre o Futuro da Governança da Internet, também apelidado NETmundial. O Brasil tem sido um líder no desenvolvimento e implementação da governança *multistakeholder* da Internet, onde representantes do governo, do setor privado, das universidades, das organizações da sociedade civil e dos profissionais da Internet realizam esta função juntos. O modelo brasileiro de governança da Internet, via Comitê Gestor da Internet no Brasil (CGI.br), foi apreciado com muito interesse pelos participantes na NETmundial.

Desde 2009, os brasileiros vêm preparando uma legislação, o Marco Civil da Internet, que estabelece princípios, garantias, direitos e deveres para o uso da Internet no Brasil. Esta legislação também será cuidadosamente estudada pelos participantes da NETmundial. O processo pelo qual esta legislação foi desenvolvida pode ser visto como um modelo para outros países e para as instituições internacionais envolvidas na governança da Internet. Este processo tem sido democrático, altamente participativo e fez amplo uso da Internet (sites, wikis, blogs, redes sociais, etc.). Ele pode anunciar um novo modo, mais moderno, de elaboração de políticas públicas – algo de que os brasileiros podem se orgulhar.

Este livro examina como a Internet veio para o Brasil, como ela se desenvolveu, como é governada, e porque a sua evolução futura é estratégica para atingir as metas nacionais. Este capítulo trata da última dessas questões, apresentando argumentos para colocar a Internet no centro de uma estratégia para alcançar um futuro melhor.

Pano de fundo: Brasil, em poucas palavras

O Brasil é o maior e, sem dúvida, o mais importante país da América Latina. Com uma população estimada de 202 milhões em fevereiro de 2014, é também o mais populoso. Em 2012, a economia do Brasil era a sétima maior do mundo, de acordo com quatro diferentes estimativas (das Nações Unidas, do FMI, do Banco Mundial, e da CIA), que variam de US$ 2,3 até 2,4 trilhões.[3] A renda per capita foi de US$ 11.354 em 2012, ou a 60ª mais alta do mundo de acordo com o FMI, bem acima da China (US$ 6.071), mas a metade daquela da Coréia do Sul.

O Brasil também tem pontos fracos conhecidos. Embora a desigualdade de renda medida pelo coeficiente de Gini (que vai de zero, para uma igualdade completa, a 1 para a desigualdade absoluta) tenha caído de 0,57 em 1997 para 0,50 em 2012, de acordo com o Instituto Brasileiro de Geografia e Estatística (IBGE), ainda é um problema sério.[4] Dos países que compõem os BRICS, apenas a África do Sul tem um maior grau de concentração de renda, de acordo com as últimas estimativas disponíveis das Nações Unidas e da CIA.[5] Outros indicadores amplos colocam o Brasil numa posição bem mais baixa. Por exemplo, o índice de competitividade do Fórum Econômico Mundial (WEF) de 2013/2014 coloca o Brasil na posição 56 entre 148 países. Esta colocação, porém, é a melhor dos países BRICS exceto a China, classificada na 29ª e da Coréia do Sul, que ficou na 25ª.[6] O índice de competitividade do WEF inclui uma gama muito ampla de sub-indicadores que abrangem as políticas nacionais, as instituições e os fatores que afetam a produtividade (por exemplo, educação, saúde, inovação e infraestrutura).

A Internet e a revolução da informação e a das comunicações

A Internet, uma grande invenção do século 20, está mudando a civilização do século 21. Seu poder cresce com os cabos de fibra óptica, cujos fios de vidro constituem os nervos da economia mundial. Nenhuma outra tecnologia permite maior velocidade de transmissão e gera mais ganhos de escala a tão baixo custo do que os cabos de fibra óptica. Graças a esse sistema, que armazena, organiza e compartilha informação no mundo todo, 90% dos dados disponíveis globalmente foram criados nos últimos dois anos. Em 2012, todos os dias 2,5 exabytes (1 seguido de 18 zeros) de dados foram transmitidos.[7] Enquanto isso, em junho de 2013, o número de usuários da Internet atingiu 2,4 bilhões, 34% da população do mundo, um aumento de 566 % desde o ano 2000.[8]

Esta enorme avalanche de dados deverá dobrar a cada dois anos até 2020, impulsionada pelo aumento do número de usuários da Internet e pelo seu crescente consumo e produção de vídeo, entre outros fatores.

Figura 1: O Universo Digital
50 vezes o crescimento desde o início de 2010 até o final de 2020

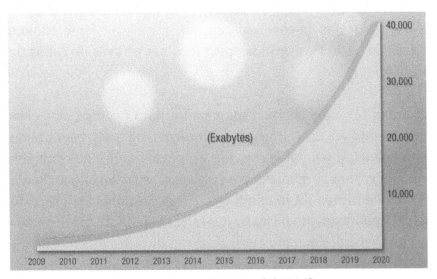

Fonte: Ganz & Reinsel (2013)

A Internet se transformou no mais importante meio de processamento das informações do mundo. É comparável à invenção, por Johannes Gutenberg, no século 15, da impressão gráfica com tipo móvel, que expandiu o acesso à palavra impressa e os horizontes dos conhecimentos da humanidade. Naquela época o papel e a tinta eram fundamentais. Hoje o meio físico consiste em cabos de fibra óptica suplementados por satélites e, cada vez mais, tecnologias sem fio. Estendidos por terra, sob os oceanos, ou no espaço, eles estão criando a infraestrutura básica da modernidade no século 21.

Os cabos de fibra óptica e o rápido aumento na capacidade computacional estão modelando as economias do mundo todo. Por esses cabos são enviados dados, texto, voz e imagens – tudo reduzido a 0s e 1s transmitidos pela Internet através dos protocolos TCP/IP (Transport Control Protocol/Internet Protocol). Combinada com outras tecnologias da informação e comunicação (TIC),[9] a Internet é um instrumento de uso múltiplo que afeta virtualmente todos os setores econômicos, o desenvolvimento social e a participação política. Cada vez mais, todas as formas de comunicação eletrônica – telefonia, rádio e televisão – são transmitidas pela Internet através de cabos de fibra óptica.

O Brasil tem que correr rapidamente para acompanhar esse movimento. O crescimento da Internet no país está sendo impulsionado pelo governo, por empresas multinacionais em cidades grandes e médias e por pequenos provedores que chamo de bandeirantes da banda larga. Estes últimos têm exercido papel importante na inclusão digital da população até nos mais remotos rincões do país e enfrentam muitos desafios.

O enorme aumento no poder de processamento dos chips, e os dispositivos (computadores, tablets, smartphones, etc.) que os contêm, vêm reduzindo drasticamente o custo de transmissão, processamento e armazenamento de dados, tornando o conhecimento mais barato e mais acessível em todo o mundo. A comunicação com base nos protocolos da Internet está substituindo rapidamente as tecnologias mais velhas e os modelos de negócio a elas associadas.

Enquanto o custo de processamento, transmissão e armazenamento de dados caía a uma taxa exponencial, a quantidade de dados criados explodia, facilitada por esta queda nos custos. A mudança é tão rápida que as instituições vêm sendo incapazes de acompanhá-la. Outras tecnologias avançadas, como a biotecnologia e a nanotecnologia, dependem das TIC. As estratégias baseadas nesta onda de mudanças tecnológicas tornaram-se fundamentais para a competitividade e até mesmo a sobrevivência de empresas, cidades e nações.

Esta onda de mudança capacita pessoas e organizações a saltar à frente dos concorrentes que não conseguem adotar tais estratégias. O advento das TIC é um exemplo das "ondas de destruição criativa" que o grande economista Joseph Schumpeter (1883-1950) analisou em seu livro *Capitalismo, Socialismo e Democracia*.[10] Devido à destruição criativa, o crescimento da telefonia tradicional diminuiu em todo o mundo, com seu uso em declínio em alguns países. Muito do tráfego de voz já flui através da Internet. Uma grande parte desse tráfego vem de empresas de telefonia tradicionais, mas uma parcela crescente é gerada por software baseado em computadores, como o Skype, Viber e WhatsApp.

Enquanto isso, os dispositivos móveis têm proliferado. Globalmente, o número de telefones celulares já tinha ultrapassdo o número de telefones de linha fixa em 2002. Até o final de 2013 chegaram a 6,8 bilhões para uma taxa de penetração de 96,2% da população global, comparado com 1,7 bilhão de telefones de linha fixa.[11] O número de telefones de linha fixa está em declínio porque muitas pessoas estão "cortando o fio" e usando só telefones celulares.[12] A penetração de telefonia móvel a nível mundial deverá passar de 100% da população em 2014.

Mas as estimativas do número de assinantes de telefonia móvel variam de 4,5 a 5,9 bilhões, uma vez que muitos assinantes únicos têm mais de um telefone celular ou um telefone com mais de um número para aproveitar ofertas especiais ou cobertura de diferentes operadores.[13] Além disso, as operadoras móveis são geralmente lentas para remover linhas inativas. De acordo com a consultoria das TIC Gartner, as vendas globais de smartphones para usuários finais atingiram 968 milhões em 2013, um aumento de 42% em relação a 2012, e pela primeira vez, são responsáveis por mais da metade de todos os celulares vendidos.[14] Isso fez com que as vendas de smartphones em 2013 quase duplicassem os

494 milhões comprados em 2011. Este rápido crescimento agora é impulsionado em grande parte pelas vendas de modelos mais baratos, com preço tão baixo como US$ 50 na China.[15]

Os dispositivos móveis, liderados por smartphones, estão produzindo um aumento explosivo no tráfego de dados sem fio. De apenas 5 exabytes em 2012, deve subir mais de 300 % até 2017 chegando a 21 exabytes. Este aumento está sendo impulsionado por serviços como o streaming de vídeos.[16]

O vídeo tem uma enorme quantidade de dados quando comparado com o texto, os gráficos, e até mesmo o tráfego de áudio. Globalmente, a projeção para 2017 é de um tráfego de vídeo de 69 por cento de todo o tráfego da Internet feito por consumidores em 2017, 57% maior do que em 2012. Esta percentagem não inclui vídeos trocados através do compartilhamento de arquivos peer-to-peer (P2P). A soma de todas as formas de vídeo (TV, vídeo sob demanda, Internet e P2P) é projetada para atingir 80 a 90% do tráfego mundial de consumidores em 2017.[17]

Benefícios de uma estratégia de eTransformação

O uso intensivo das TIC deve ser uma estratégia fundamental para acelerar o desenvolvimento de indivíduos, empresas, cidades, estados e países. Esta estratégia pode ser chamada eTransformação, e a Internet oferece a conectividade essencial para o seu sucesso. Líderes com visão, formação de consenso e políticas e instituições públicas têm um papel central em uma estratégia de eTransformação (Figura 2).

Figura 2: Elementos de uma Estratégia de eTransformação

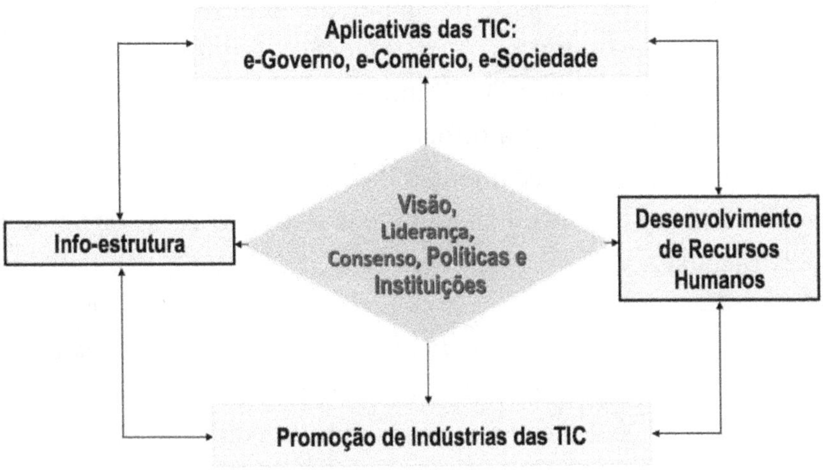

Uma estratégia de eTransformação deve abranger todos os setores econômicos e agências governamentais, tirando vantagens das sinergias e ganhos de escala em infraestrutura, especialmente para a conectividade com a Internet de banda larga, equipamentos de informática e software. Muito da política e prática de desenvolvimento trata elementos de eTransformação isoladamente. Porém, a maioria das falhas documentadas de aplicações das TIC em eGoverno, eBusiness, eEducação e desenvolvimento rural são causadas por abordagens fragmentadas em que faltam elementos fundamentais, operam dentro de domínios burocráticos separados, que ignoram sinergias entre setores e economias de escala para facilitar uma transformação sustentada.[18]

As recentes manifestações contra a corrupção, a impunidade e a precariedade dos serviços públicos chamaram a atenção para as deficiências institucionais que, além de afetar a qualidade de vida da maioria dos brasileiros, têm impacto sobre custos, reduzem a produtividade e comprometem o potencial econômico do país. Todos esses problemas podem ser enfrentados com a utilização das poderosas ferramentas que a revolução das TIC tornou acessíveis. A nova Lei de Acesso à Informação, que entrou em vigor para os governos federal, estaduais e municipais em maio de 2013 pode ser melhor implementada e a corrupção contida se a informação sobre as contratações do governo, os detalhes orçamentários e de execução de projetos de infraestrutura estiverem disponíveis online através dos portais de transparência.

Melhorar a qualidade e reduzir os custos dos serviços de saúde e educação, mapear o crime em tempo real e reduzir a morosidade do Judiciário são apenas algumas maneiras de usar as TIC para fortalecer o desempenho das instituições. O Poupatempo, em São Paulo; o Serviço de Atendimento ao Cidadão (SAC), na Bahia e serviços semelhantes em outros estados representam os primeiros passos nessa direção. Eles reduzem o tempo necessário para emitir documentos pessoais e prestam outros serviços em instalações localizadas em lugares acessíveis e com horários convenientes aos cidadãos.[19]

Racionalidade tecnológica e econômica de uma estratégia de eTransformação[20]

Qual a lógica dessa estratégia? Ela está baseada na drástica e contínua redução de custos para processar, transmitir e armazenar dados. Segundo a Lei de Moore, proposta pelo cofundador e ex-presidente-executivo da Intel, Gordon Moore, o número de transistores que podem ser colocados em um circuito integrado (chip) dobra aproximadamente a cada dois anos, o que reduz o custo de processamento de dados em 50%. Há princípios semelhantes descritos em outras "leis", como a Lei de Butter, segundo a qual a quantidade de dados transmitida por uma fibra óptica dobra a cada nove meses, o que gera queda no custo unitário de transmissão de 50% no mesmo período.

As enormes economias de escala na infraestrutura da Internet são um fator importante a considerar na elaboração de uma estratégia de eTransformação. Elas são derivadas da presença de altos custos fixos, mas baixos custos marginais para proporcionar quantidades crescentes do bem ou do serviço. O custo médio por unidade vendida cai na medida em que o número dessas unidades aumenta. Os principais canais da Internet – as linhas-tronco ou *backbone* – são cabos de fibra óptica, tanto terrestres como submarinos, conectados a equipamentos ópticos, como os roteadores e os datacenters das principais operadoras.

Estas economias de escala são derivadas do custo marginal muito baixo de adicionar mais fibras a um cabo antes dele ser comprado e instalado, além do fato de que a mesma base de fibra pode, posteriormente, ser mais eficaz, substituindo a tecnologia óptica utilizada. Alguns equipamentos adicionais são necessários, mas estes são amplificadores de banda larga e transceptores que podem lidar com muitos canais diferentes ao mesmo tempo. Esses equipamentos podem multiplicar as velocidades iniciais de transmissão em dez ou mais vezes.[21] Assim, há oportunidades para diferentes operadoras ou usuários colaborarem ao investir em fibra ou outras instalações que oferecem mais capacidade do que a necessária a um baixo custo. Este excesso de capacidade pode ser alugado ou negociado com outras operadoras, em troca de acesso ao seu próprio excesso de fibras.

Esta é uma proposição ganha-ganha, porque os custos para cada operador de fibras em um cabo compartilhado é menor do que se esse operador tivesse de arcar sozinho com todos os custos de investimento para a capacidade de que necessita. Quanto mais parceiros compartilharem os custos de investimento, menor será o custo unitário por usuário. Embora não seja muito conhecido, uma vez que as operadoras de telecomunicações raramente revelam acordos de partilha, os operadores geralmente têm acordos entre si, financiados por pagamentos ou permutas, para aproveitar essas economias de escala.

Um segundo fator que favorece uma estratégia de eTransformação é a queda contínua e rápida dos preços para a transmissão, armazenamento e processamento de informações. A conectividade à Internet é essencial para uma estratégia de eTransformação. Na microeconomia um dos primeiros princípios que os economistas aprendem é que, quando o preço de um bem ou serviço cai, este bem ou serviço será substituído por outros similares, cujos preços estão subindo, estão estáveis ou em queda mais lenta. A extensão da substituição dependerá da "elasticidade-preço da demanda" para o bem ou serviço em questão, quer dizer o aumento percentual da demanda dividido pelo percentual de aumento no preço. Se a demanda aumentar mais rapidamente do que a queda dos preços, a elasticidade-preço é dita maior que um, o que significa que uma redução dos preços (ou impostos sobre o serviço) poderia produzir mais e não menos receita.

O rápido declínio no custo de bens e serviços (hardware, software, telecomunicações) e o consequente potencial de deslocar bens e serviços convencionais subjazem a este argumento microeconômico em favor de uma estratégia de eTransformação. Mas a facilidade e velocidade de substituição podem ser influenciadas por fatores subjetivos, culturais, administrativos e institucionais. Esta "fricção" pode retardar o processo de substituição. Uma estratégia de eTransformação busca reduzir ou eliminar essa fricção através de liderança política, incentivos financeiros e políticas de comunicação estratégica.

Perceber os benefícios potenciais das TIC depende de muitos fatores interdependentes, como resumido na Figura 2. Neste livro, o foco é sobre a infraestrutura de telecomunicações da Internet e em geral das redes IP – com um forte foco em cabos de fibra óptica e outras infraestruturas (por exemplo, cabos coaxiais e de cobre, torres de celular, transmissores e satélites). Essas outras tecnologias são usadas para alcançar os usuários finais quando a fibra óptica até a casa, ao edifício, ou ao meio-fio/armário (conhecido como FTTx) não está disponível ou não é apropriada, por exemplo para os dispositivos móveis, como tablets, laptops e smartphones. Note-se, porém, que todas as tecnologias sem fio (telefonia celular, enlaces de microondas, satélites, etc.) dependem de conexões de fibras terrestres ao *backbone* da Internet. E este *backbone* é composto por cabos de fibra óptica, tanto terrestres e submarinos, com o equipamento óptico necessário, roteadores e datacenters em nós chaves.

A estrutura do livro

O restante deste livro está organizado da seguinte forma. O Capítulo 2 fornece algumas informações sobre as origens da Internet nos Estados Unidos, Europa e Brasil. O Capítulo 3 analisa o desenvolvimento da Internet no Brasil no que diz respeito à cobertura, qualidade e inclusão digital da população. No Capítulo 4 se examinam as razões pelas quais os serviços de conectividade à Internet e de telefonia móvel (voz, dados e vídeo) no Brasil custam tanto para tão baixa qualidade em comparação com outros países. O Capítulo 5 analisa o que está sendo feito para melhorar esses serviços, reduzir os seus custos e torná-los disponíveis para a população ainda digitalmente excluída.

No Capítulo 6 se examina como o Brasil está lidando com as questões de privacidade, aquelas levantadas durante o furor desencadeado pelas revelações de Edward Snowden sobre a vigilância eletrônica, assim como o que pode ser chamado de "lado sombrio" da Internet – spam; phishing; outras formas de fraude; vírus, worms e outros malwares e a cyber-guerra. O Capítulo 7 analisa o modelo brasileiro de governança da Internet, como se desenvolveu e como ele pode servir de exemplo para outros países ou para a Internet global. Finalmente, com base na análise dos capítulos anteriores, o Capítulo 8 trata do futuro da Internet no Brasil, apresentando algumas recomendações para as medidas prioritárias na redução de custos, ampliação da cobertura, melhoramento da qualidade e o aumento da concorrência.

Capítulo 1: A Importância Estratégica da Internet para o Desenvolvimento do Brasil

[1]   Sweig, (1943).

[2]   IBOPE (2013).

[3]   Estas estimativas estão disponíveis em https://en.wikipedia. org/wiki/List_of_countries_by_GDP_(nominal). Acessado 25/02/2014

[4]   IBGE (2013), Tabela 7.6.7 e http://seriesestatisticas.ibge. gov.br/series.aspx?vcodigo=fed103. Acessado 25/02/2014

[5]   Estas estimativas estão disponíveis em http://en.wikipedia. org/wiki/List_of_countries_by_income_equality. Acessado em 25/02/2014

[6]   Schwab, K. (2013), p. 15.

[7]   Conner (2012).

[8]   http://www.internetworldstats.com/stats.htm. Acessado 25/01/2014.

[9]   TIC refere-se a tecnologias que permitem o acesso à informação através das telecomunicações. É semelhante à Tecnologia da Informação (TI), mas se concentra principalmente em tecnologias de comunicação. Isto inclui a Internet, redes sem fio, telefones celulares e outros meios de comunicação

[10]   Schumpeter (1950)

[11]   http://www.itu.int/en/ITU-D/Statistics/Documents/ statistics/2013/ITU_Key_2005-2013_ICT_data.xls. Acessado 25/03/2014.

[12]   http://www.teleco.com.br/pais/fixo_mundo.asp (acessado 23/01/2014). Fonte original: ITU.

[13]   O número menor é uma estimative da Ericsson, o maior pela Wireless Intelligence, como apresentado em http:// mobithinking.com/mobile-marketing-tools/latest-mobile-stats/a#uniquesubscribers (accessado 23/01/2014).

[14] http://www.gartner.com/newsroom/id/2665715. Acessado14/02/2014.

[15] Mundy, (2014).

[16] Lunden, (2013)

[17] http://www.cisco.com/en/US/solutions/collateral/ns341/ns525/ns537/ns705/ns827/white_paper_c11-481360_ns827_Networking_Solutions_White_Paper.html. Acessado 25/01/2014.

[18] Hanna & Knight (2011 e 2012).

[19] Knight & Annenberg (2008).

[20] Esta seção aproveita material de Knight (2008).

[21] Michael Stanton via e-mail, 16/02/2014.

Capítulo 2

As Origens e as Instituições da Internet no Brasil

A Internet nasceu nos Estados Unidos como uma rede de redes cerca de nove anos antes dela ter surgido do Brasil. Mas as origens remontam há muito mais tempo, tanto nos Estados Unidos quanto na Europa e no Brasil.

Os primeiros passos nos Estados Unidos e na Europa[1]

Os primeiros passos para o desenvolvimento da Internet se originaram do trabalho feito por pesquisadores do Instituto de Tecnologia de Massachusetts (MIT) na década de 1960. Eles procuravam desenvolver a comunicação através da comutação de pacotes entre computadores. O conceito de computadores em rede conectados por roteamento de pacotes em vez de comutação por circuitos foi desenvolvido por Joseph Carl Robnett Licklider, do MIT, em agosto de 1962.

A ideia de comutação de pacotes é que um pacote de dados, que identifica tanto a sua origem quanto seu destino, pode ser enviado de um local para outro. Licklider foi o primeiro gerente do programa de pesquisa de computação da *Defense Advanced Research Projects Agency* dos Estados Unidos (DARPA, agora ARPA). Leonard Kleinrock, do MIT, publicou o primeiro artigo sobre a teoria da comutação de pacotes em julho de 1961 e o primeiro livro sobre o assunto em 1964.[2]

Outro pioneiro da Internet, que desenvolveu uma idéia semelhante de forma independente, foi Paul Baran. Trabalhou na RAND Corporation na Califórnia em um estudo financiado pela Força Aérea dos Estados Unidos para desenvolver um sistema de comunicação descentralizado que permitiria que os militares pudessem manter o comando e controle de aeronaves e mísseis nucleares durante e depois de um ataque nuclear. Isto levou a uma série de artigos intitulada *"On Distributed Communications"*, que, em 1964, descreveu uma arquitetura detalhada para uma rede de comunicações distribuída de comutação de pacotes que poderia continuar a funcionar numa guerra nuclear.[3]

Vint Cerf, um dos "pais da Internet" e hoje Vice-Presidente e *Chief Internet Evangelist* da Google explica o papel de Baran da seguinte forma:

> "Baran articulou a utilidade de empacotamento para a voz, embora tenha chamado as unidades "blocos de mensagem". Seu sistema nunca foi construído. No entanto seu trabalho foi notado pelos especialistas que desenharam a ARPANET depois da conclusão do seu desenho básico. Enquanto eu estava dirigindo o programa da Internet tive como objetivo torná-la resistente a um ataque nuclear e, além disso, demonstrei sua capacidade de autorecuperação em cooperação com o Comando Aéreo Estratégico, utilizando rádios aéreos de comunicação por pacotes. Então, as ideias de Baran encontraram terra fértil na Internet, ainda que não na ARPANET".[4]

A comutação de pacotes proporciona uma maior segurança, o uso máximo da largura de banda disponível, a comunicação entre dispositivos em diferentes velocidades e resiliência às falhas na linha. Tudo isto é feito pelo desvio de sinais pelas melhores rotas, a qualquer instante no tempo, de modo que a comunicação possa ser realizada durante os desastres, quando o serviço telefônico estiver interrompido. A comutação de pacotes possibilitou a criação da ARPANET, rede de pesquisa do Departamento de Defesa dos EUA. A ARPANET tornou-se operacional em 1969, quando quatro computadores hospedeiros foram conectados, um primeiro passo para a construção da Internet. A ARPANET não foi projetada para uso militar, como normalmente se pensa, mas sim para compartilhar recursos de computação entre universidades de pesquisa apoiadas pelo Pentágono. Em 1972, o correio eletrônico, a primeira "*killer application*", foi introduzido.

O passo seguinte deu-se em 1973, com a invenção dos protocolos TCP/IP (sigla para *Transmission Control Protocol/Internet Protocol*), anunciados em artigo escrito por Vint Cerf e Robert Kahn, em 1974.[5] Esses protocolos viabilizaram o que se se conhece como "arquitetura aberta de comunicação em rede" e permitem a interconexão entre redes de computadores de diversas tecnologias, onde quer que estejam localizados.[6] Novos trabalhos para o Pentágono estenderam o conceito de pacotes para redes de rádio terrestre e satelital, que foram interconectadas à ARPANET em 1983, o que marcou o início da Internet.[7]

Muitos outros pesquisadores contribuíram à teoria e ao desenho do que chegou a ser a ARPANET e depois a Internet. À medida que redes locais, microcomputadores e estações de trabalho mais avançadas foram se disseminando nos anos 1980, a Internet se expandiu rapidamente. Em 1986, a ARPANET foi conectada à nova rede acadêmica, NSFNET (*National Science Foundation Network*). A ARPANET foi desativada em 1990. Novos provedores de serviço Internet (PSIs) passaram a oferecer acesso à Internet para clientes comerciais. Em 1995, supunha-se que usuários acadêmicos não precisariam mais de redes dedicadas e poderiam ser atendidos adequadamente por provedores comerciais. Foi então que a NSF decidiu desativar a NSFNET.

Em 1996, um consórcio de universidades chamado Internet2 lançou uma nova rede acadêmica e científica chamada Abilene, uma rede privada para uso acadêmico. A Abilene operava a velocidades muito mais altas do que aquelas disponíveis através da Internet comercial.[8]

Enquanto isso, outro grande avanço ocorreu na Europa, na Organização Européia para Pesquisa Nuclear (CERN), onde, em marco de 1989, Tim Berners-Lee propunha adotar o uso de hipertexto distribuído, que seria um conjunto de documentos armazenados em diferentes locais e interligados entre si por meio de ponteiros não hierárquicos que os vinculassem uns aos outros. Esses documentos poderiam, assim, ser recuperados usando um aplicativo de navegação, o que abriria a Internet ao uso em massa. Isto é, ele inventou uma implementação na Internet do conceito de hipertexto, que se tornou a World Wide Web.

Documentos de hipertexto foram expressos em *Hypertext Markup Language* (HTML), um código básico que viabiliza o acesso e a comunicação na Web. Em 1993, a Web decolou com a introdução do primeiro navegador gráfico de ampla divulgação, chamado Mosaic. O Mosaic foi desenvolvido por uma equipe liderada por Marc Andreessen no Centro Nacional para Aplicações de Supercomputação (*National Center for Supercomputing Applications* – NCSA) da Universidade de Illinois em Urbana-Champaign. O primeiro telefone celular com conectividade à Internet foi o Nokia 9000 Communicator, lançado na Finlândia em 1996.

Gestação e nascimento da Internet brasileira

O desenvolvimento da Internet no Brasil começou mais tarde. Em 1975, o Ministério das Comunicações (MC) decidiu que a Embratel, a operadora de longa distância e que fazia parte do grupo estatal Telebras, seria responsável pela implantação, expansão e operação de uma Rede Nacional de Telex e uma Rede Nacional de Transmissão de Dados incluindo também ligações internacionais.

Naquele mesmo ano, um acesso à ARPANET foi demonstrada por Vint Cerf e Keith Uncapher no Primeiro Seminário Latino-Americano sobre Comunicação de Dados, que foi realizado durante a Sétima Conferência Nacional de Processamento de Dados, em São Paulo, gerando considerável interesse.[9]

No final da década de 70 e início da década de 80, houve crescente interesse na convergência entre telecomunicações e computação, também denominada informática. Esse interesse se refletiu em grandes conferências e programas de pesquisa no Brasil. Em 1979, a Telebras anunciou um projeto para criar a Rede Latina Americana de Computadores (REDLAC) com vista ao desenvolvimento de pesquisas em comutação de pacotes, redes locais e interligação de redes. Esta pesquisa envolveu um grupo de comunicação de dados no Centro de Pesquisa e Desenvolvimento da Telebras, o CPqD, em Campinas (SP), em parceria com a Universidade de São Paulo (USP).[10]

A guerra de protocolos

Durante aqueles anos, um confronto emergiu entre o desenvolvimento das comunicações baseadas em TCP/IP, aplicadas em parcerias internacionais cada vez mais abertas, e as políticas industriais, tecnológicas e de controle de importações do governo militar e nacionalista do Brasil. Inicialmente elaboradas no II Plano Nacional de Desenvolvimento (II PND) durante o governo do presidente Ernesto Geisel e se estendendo de 1975 a 1979, essas políticas industriais e tecnológicas procuraram promover o desenvolvimento de uma indústria nacional de insumos e componentes eletrônicos, com autonomia tecnológica (vis à vis outros países) e também uma indústria de equipamentos nacionais. Essas políticas foram desenvolvidas como parte de uma segunda onda de substituição de importações, a primeira onda tendo começado durante a Grande Depressão e continuado durante a Segunda Guerra Mundial e a década de 50.[11]

Na área de informática, a principal instituição encarregada de implementar essas políticas foi a Secretaria Especial de Informática (SEI), criada em 1979. Ela reportava diretamente ao Conselho de Segurança Nacional do governo do presidente João Figueiredo (1979-1985). A SEI foi caracterizada por um estilo autoritário e não inspirou muita confiança na comunidade civil de tecnologia. Ela assumiu o controle dos fluxos de dados transfronteriços. Ela também apoiou uma arquitetura de rede, para a interligação de sistemas abertos (*Open Systems Interconnection* - OSI), publicada pela primeira vez em rascunho em 1981 pela Organização Internacional de Normalização (*International Standards Organization* - ISO) e que se tornou um padrão ISO, em 1984, 11 anos depois do desenvolvimento do TCP/IP. Este era mais simples e também barato, porque seu desenvolvimento foi subsidiado pelo governo dos EUA. Porém, sendo uma tecnologia inventada nos EUA, para os militares brasileiros, naquela época, a adoção do TCP/IP representaria "uma reafirmação da hegemonia nortemericana".[12]

As políticas implementadas pela SEI se alinhavavam com um movimento do Terceiro Mundo, que procurava criar uma Nova Ordem Mundial de Informação e Comunicação, como uma ramificação da Nova Ordem Econômica Mundial.[13] Com o apoio e coordenação da UNESCO, o Bureau Intergovernamental de Informática (*Intergovernmental Bureau for Informatics*) foi criado em 1978 por 35 países, incluído o Brasil, para promover a informática nos países em desenvolvimento, inclusive uma legislação de fluxos dos dados trans-fronteiriços.

A posição brasileira foi articulada pelo Tenente General Joubert de Oliveira Brizida, Secretário Executivo da SEI, durante a Primeira Conferência Internacional sobre Fluxos de Dados Trans-fronteiriços realizada em Roma, Itália, em junho de 1980. "O país que não se preocupa com o controle das informações estratégicas que utiliza corre o risco de se tornar intoleravelmente dependente, através das telecomunicações, dos interesses de grupos políticos e econômicos fora de suas fronteiras."[14]

Esses movimentos e as políticas brasileiras de informática eram geralmente antagônicos aos principais países desenvolvidos, especialmente os Estados Unidos, e às empresas multinacionais originárias desses países. O papel da UNESCO nesses movimentos foi um dos vários fatores que levaram os EUA, Reino Unido e Cingapura a retirar-se daquela organização, no final de 1984. As políticas nacionalistas também tornaram difícil, tanto para as organizações brasileiras (governamentais, acadêmicas e da sociedade civil) como para as empresas, a participação no desenvolvimento da Internet, uma vez que ela usava TCP/IP em vez de OSI.

Deve-se acrescentar que algumas das principais empresas internacionais produtoras de equipamentos de TIC na época (por exemplo, a IBM, a Burroughs e a Digital Equipment Corporation) tinham suas próprias tecnologias proprietárias de comunicação e isso também foi um fator de atraso para a adoção de TCP/IP.

Mas com o fim do regime militar, em 1985, a SEI foi transferida do Conselho de Segurança Nacional para o recém-criado Ministério da Ciência e Tecnologia (MCT). Então, no início da presidência de Fernando Collor, em 1990, a SEI foi dissolvida e substituída pelo Departamento de Política de Informática e Automação (DEPIN) na Secretaria de Ciência e Tecnologia, que substituiu o MCT. O DEPIN continuou a controlar os fluxos de dados transfronteiriços, em teoria, mas na prática, com a globalização e o crescimento da Internet, deixou de exercer as suas prerrogativas.

A ascensão da Internet acadêmica

Enquanto isso, na comunidade acadêmica, houve um interesse crescente na formação de redes ligando computadores em diferentes universidades. Os primeiros passos nesse sentido foram tomados no Rio Grande do Sul, onde, em meados da década de 70, um projeto chamado de Rede Sul de Teleprocessamento (RST) foi lançado, coordenado pela professora Liane Tarouco da Universidade Federal do Rio Grande do Sul (UFRGS). Em 1973 ela conheceu o Professor Leonard Kleinrock, um dos pioneiros da ARPANET, que veio ao Brasil para ministrar um curso sobre teleprocessamento na Pontifícia Universidade Católica do Rio de Janeiro (PUC-Rio). Em 1977 Tarouco publicou o primeiro livro sobre a comunicação de dados no Brasil. Em seguida ela visitou a Universidade de Stanford e teve contato prático com a ARPANET. Quando voltou para a UFRGS, Tarouco tentou estabelecer uma conexão com a ARPANET, mas que se revelou demasiado custosa.[15]

O projeto RST nunca decolou, mas o interesse em pesquisas sobre redes de comunicação de dados em universidades brasileiras sim. No final de 1979, foi criado o Laboratório Nacional de Redes de Computadores (LARC), uma entidade virtual para vincular as instituições que trabalhavam nesta area. A Universidade Federal do Rio de Janeiro (UFRJ) e a PUC-Rio foram especialmente ativas. Em 1982, na PUC-Rio, começou-se uma pesquisa para desenvolver um comutador de pacotes, num projeto conjunto com a Telebras, a Embratel e a USP chamado REDPUC. Cursos especializados na PUC-Rio apresentaram redes de computadores a centenas de pessoas. Em 1984, foi criado um projeto chamado Rede Rio, que ligaria os computadores em instituições acadêmicas e de pesquisa na cidade do Rio de Janeiro. Mas a Rede Rio não decolou, em parte porque o financiamento da Financiadora de Estudos e Projetos (FINEP) acabou.

Porém, o interesse em redes de computadores nas universidades brasileiras continuou a crescer, impulsionado pela notícia da criação da NSFNET nos Estados Unidos e iniciativas paralelas em outros países. Em 1986, havia mais de 50 redes acadêmicas no mundo, mas redes brasileiras existiam só no papel. Havia, no entanto, uma série de projetos em discussão para mudar esta situação, principalmente em São Paulo e Rio de Janeiro. Estas iniciativas se tornaram mais conhecidas em 1987, quando a importância das redes acadêmicas para a investigação científica e os intercâmbios foi reconhecida mais amplamente por acadêmicos brasileiros.

Depois de uma discusão sobre redes acadêmicas chamada "*birds of a feather*" em julho de 1987, no congresso da Sociedade Brasileira de Computação, o Conselho Nacional de Desenvolvimento Científico e Tecnológico (CNPq) disponibilizou financiamento para uma reunião de dois dias, realizada em outubro daquele ano, na USP, organizada pelos professores Paulo Aguiar, da UFRJ, e Michael Stanton, da PUC-Rio. Este encontro na USP reuniu 38 participantes, entre pesquisadores acadêmicos e representantes do governo (inclusive da SEI) e da Embratel (a operadora de longa distância do grupo estatal Telebrás). Tentou-se desenvolver uma rede de computadores para facilitar a comunicação entre as comunidades acadêmica e científica brasileiras e entre estas e seus pares de outros países. "Um resultado direto desta reunião foi a semente do que viria a se transformar na futura Rede Nacional de

Pesquisa (RNP). Outra consequência foi a participação brasileira no 6º *Internacional Networking Workshop*, realizado no mês seguinte, na Universidade de Princeton, onde pela primeira vez inúmeros contatos foram feitos com a comunidade internacional de redes acadêmicas."[16]

Entre 1988 e 1989, três instituições brasileiras – o Laboratório Nacional de Computação Científica (LNCC), no Rio de Janeiro, a Fundação de Amparo à Pesquisa do Estado de São Paulo (FAPESP) e a Universidade Federal do Rio de Janeiro (UFRJ) – separadamente estabeleceram ligações com três instituições diferentes nos Estados Unidos, usando a BITNET (*Because It's Time Network*), uma rede que permitia a troca de correio eletrônico e arquivos. Essas ligações tiveram que ser aprovadas pela Embratel e pela SEI, o que foi conseguido depois de uma reunião em Brasília, em abril de 1988. A BITNET não usava os protocolos TCP/IP, nem foi possível fazer uso compartilhado entre estas três instituições e a BITNET, devido à legislação brasileira naquele momento.[17]

Esta legislação foi inicialmente contornada pela FAPESP que tratou todas as instituições (estatais) conectadas como parte de uma única entidade jurídica. Assim, a única ligação internacional da ANSP (*Academic Network at São Paulo*) da FAPESP serviu às três universidades estaduais paulistas – a USP, a Universidade Estadual de Campinas (Unicamp) e a Universidade Estadual Paulista (UNESP), entre outras. O enlace da LNCC também foi compartilhado concedendo acesso remoto para os pesquisadores de todo o Brasil usarem via terminais remotos o computador de grande porte conectado à BITNET no LNCC, no Rio de Janeiro. À medida que as restrições foram relaxadas, uma malha de ligações de rede se espalhou a outras universidades e laboratórios de todo o Brasil para formar o ramo brasileiro da BITNET, que funcionou até meados dos anos 1990. A Figura 3 mostra a rede em 1991.[18]

Figura 3: Conexões BITNET no Brasil em Dezembro de 1991

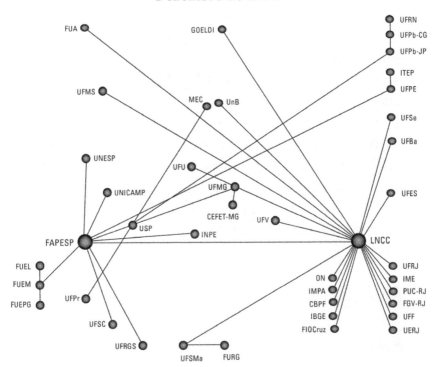

Fonte: Stanton (1993)

A criação da RNP, um projeto mais amplo e ambicioso, exigia uma grande e cara infraestrutura que dependeria de recursos do governo. Em meados de 1988, um grupo de trabalho ligado ao Chefe de Gabinete do Ministério da Ciência e Tecnologia (MCT) foi criado, coordenado por Tadao Takahashi, naquela época do CNPq. Seu trabalho resultou na decisão do MCT de apoiar e financiar a RNP. Em setembro de 1989 a RNP foi lançada durante uma conferência em São Paulo.[19] Em 1992, ela começou a operar uma rede interligando 11 capitais no Brasil, com um acesso internacional aos EUA. (Figura 4).

Em meados de 1990, Takahashi, que se tornou o primeiro coordenador da RNP, recrutou Michael Stanton como coordenador de P&D. Junto com Paulo Aguiar e Alexandre Grojsgold, Stanton já estava planejando uma rede TCP/IP, que seria chamada de Rede Rio, em honra ao projeto homônimo inacabado de 1985, para substituir a BITNET no Rio de Janeiro, onde ele era coordenador de redes da Fundação Carlos Chagas Filho de Amparo à Pesquisa do Estado do Rio de Janeiro (FAPERJ). Em meados de 1990, este projeto tinha progredido e começou a ser discutido na comunidade brasileira da BITNET. Inicialmente, Takahashi não favoreceu o uso do TCP/IP, mas foi convencido a fazê-lo por Michael Stanton e Demi Getschko. Getschko também foi recrutado por Takahashi para coordenar a construção e a operação da futura RNP. Naquela época ele era responsável pelas operações de TI na FAPESP, que criara a rede ANSP na era da BITNET.[20]

Figura 4: A RNP em 1992

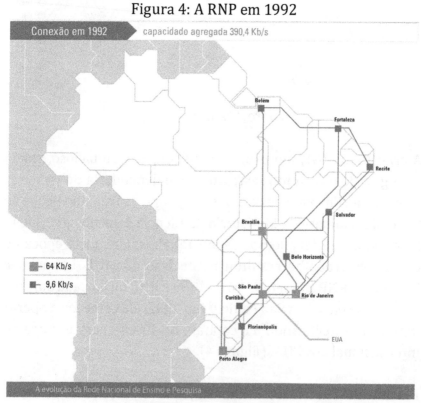

Fonte: RNP

Takahashi em seguida lançou uma campanha para vincular a RNP com a Internet. Mas isso resultou num confronto com a SEI sobre os protocolos a serem utilizados. A SEI tinha tolerado as conexões com a BITNET. Eles não usavam o TCP/IP nem exigiam o estabelecimento de um enlace internacional dedicado, "uma vez que ainda havia barreiras políticas para a importação de roteadores IP."[21]

Em novembro de 1990, foi realizada uma oficina brasileira sobre Computação de Alto Desempenho. O Dr. Barry Leiner foi um palestrante convidado nesta oficina. Ele era membro do *Internet Activities Board* (IAB), responsável pela supervisão do funcionamento da Internet e por relações internacionais. Também era membro do *Coordinating Committee for Intercontinental Research Networks* (CCIRN). Leiner procurou fazer contato com organizadores de algumas das primeiras redes acadêmicas brasileiras, para conhecer melhor seus planos para passar a fazer parte da Internet. Chegou a conversar com Michael Stanton da PUC-Rio, naquela época Cordenador, e atualmente Diretor de Pesquisa e Desenvolvimento da RNP, Paulo Aguiar, da UFRJ e Demi Getschko da FAPESP, atualmente Presidente do Conselho Executivo do Centro de Informações de Rede do Brasil (NIC.br) e membro do CGI.br, assim como vários outros especialistas de redes no Brasil.

Em março de 1991, Getschko e Stanton viajaram para os Estados Unidos, representando a RNP, passando cerca de três semanas participando de reuniões da *Internet Engineering Task Force* (IETF) e do *United States Federal Engineering Planning Group*, assim como visitando várias instituições envolvidas na pesquisa, desenvolvimento, operação e financiamento de redes de pesquisa. Os conhecimentos adquiridos foram muitos, graças ao planejamento intenso antes da viagem por Tadao Takahashi (RNP) e Steve Goldstein (NSF).

Por algum tempo depois de seu lançamento em 1989, a RNP pouco avançou na construção de sua rede nacional (*backbone*), que interligaria os estados e o Distrito Federal. Porém, também em 1991, Ivan Moura Campos, que tinha experiência tanto na academia como no governo, foi nomeado Diretor de Programas Especiais do CNPq. Ele tornou-se um importante aliado da RNP, trabalhando nos bastidores para mobilizar apoio político e financeiro. Em 1992, a primeira versão do *backbone* da RNP tornou-se operacional (Figura 4).

O Brasil se juntou à Internet global em maio de 1992 com duas ligações internacionais estabelecidas por instituições acadêmicas, durante a Conferência das Nações Unidas sobre Meio Ambiente e Desenvolvimento (*United Nations Conference on the Environment and Development* - UNCED), mais conhecida como Cúpula da Terra, também conhecido como Rio-92 ou Eco 92, no Rio de Janeiro.

Redes da sociedade civil: Alternex

Enquanto isso, o interesse em redes também crescia na comunidade brasileira de ONGs, liderado pelos esforços de Carlos Afonso, atualmente presidente do capítulo brasileiro da Internet Society e membro do CGI.br.[22] Afonso retornou ao Brasil depois da anistia de 1979 para os exilados brasileiros, que deixaram o país durante os anos mais repressivos da ditadura militar. Junto com Herbert de Souza (mais conhecido como Betinho), ele fundou o Instituto Brasileiro de Análises Sociais e Econômicas (IBASE) em 1981 e tornou-se um incansável promotor de redes entre as ONGs, tanto no Brasil quanto em todo o mundo. Também foi um bem sucedido mobilizador de apoio financeiro para seus esforços de adoção de redes de comunicação e usou suas habilidades técnicas e conexões com organizações internacionais, fundações e agências governamentais brasileiras para ajudar a construir a

Alternex, começando com um *Bulletin Board System* (BBS) em 1985 e, em seguida, uma rede das ONGs brasileiras em 1987. Ele obteve o apoio do Programa das Nações Unidas para o Desenvolvimenbto (PNUD) e de ONGs de outros países, como o *Institute for Global Computing* (IGC), nos Estados Unidos. Ele foi um co-fundador da *Association for Progressive Computing* (APC), uma rede global. Através da Alternex ele também estabeleceu o primeiro acesso não acadêmico às redes de dados internacionais em 1989 (por meio de linha telefônica discada entre a Alternex e o IGC), feito à revelia da SEI e da Embratel.

Em meados de 1990, Afonso procurou aliados na comunidade de redes acadêmicas do Rio de Janeiro. O IBASE, como representante da APC no Brasil, preparou um projeto detalhado para fornecer suporte a conexões com a Internet durante a conferência UNCED, a ser realizada em 1992. Ele, então, conduziu árduas negociações com o secretariado da conferência durante mais de um ano com o apoio da RNP, especialmente de Tadao Takahashi, e de simpatizantes no PNUD, para obter a aprovação do Projeto de Estratégia de Informação UNCED no Rio de Janeiro. Esse projeto foi incluído no acordo formal entre a UNCED e o governo brasileiro, que estabeleceu o quadro para a Rio-92.

Com a aprovação deste projeto foi possível para a Alternex fazer uma atualização maciça de seus computadores, o que permitiu conectar à Internet todos os espaços da Rio-92, a sala de imprensa e o Fórum Global (evento paralelo para as ONGs que atraiu quase 9.000 ONGs de todo o mundo). Essas conexões foram facilitadas pelo fornecimento de endereços IP da recém inaugurada rede TCP/IP acadêmica do Rio de Janeiro, a Rede Rio. Essa rede era um projeto coordenado por Luís Felipe Magalhães de Moraes da UFRJ, e financiado pela FAPERJ, cujo Diretor-Superintendente na época era Fernando Peregrino. A Alternex também repassou alguns dos equipamentos que recebeu para a RNP.

A Embratel relutou ao fornecimento de conectividade internacional, mas não conseguiu evitar oferecer os enlaces que o governo brasileiro tinha garantido para as Nações Unidas. A operação da UNCED que lançou a Internet brasileira envolvia, assim, uma parceria eficaz entre as organizações brasileiras governamentais, acadêmicas e da sociedade civil e os organismos internacionais, o sistema das Nações Unidas, organizações não governamentais (especialmente a APC) e fundações.

Depois do evento, a Alternex continuou a colaborar com a Rede Rio e tornou-se o primeiro provedor de Serviços Internet (PSI) brasileiro fora da comunidade acadêmica. Seu uso da Rede Rio resultou em polêmicas, já que a Alternex cobrava uma taxa a alguns de seus clientes para recuperar os seus custos, mas usou a conectividade à Internet da Rede Rio gratuitamente. Esta atividade "comercial" foi vista por alguns dos líderes da Rede Rio como contrária aos propósitos de uma rede acadêmica. Em 1992, mesmo antes da Cúpula da Terra, a Alternex começou o primeiro programa para ajudar as BBSs a se tornarem PSIs. Mais de 150 BBSs fizeram essa transição com o apoio da Alternex. Mas, eventualmente, esta atividade acabou agravando o desacordo com os principais líderes da Rede Rio. Então a Rede Rio suspendeu a conexão da Alternex à Internet. No entanto, a RNP continuou a fornecer o acesso à Internet para a Alternex por meio de seu PoP *(Point of Presence)* no Rio, utilizando a ligação internacional da FAPESP. A Alternex procurou incentivar novos empresários da Internet, porém não defendeu a privatização do sistema estatal das telecomunicações.

Os primeiros passos da Internet comercial e o nascimento de CGI.br

Com a invenção da World Wide Web em 1989, na Organização Européia para a Pesquisa Nuclear (CERN), em Genebra, e os navegadores gráficos de fácil utilização (começando com o Mosaic em 1992 e o Netscape, lançado em 1994), o crescimento da Internet acelerou em todo o mundo. O que tinha sido essencialmente uma rede acadêmica e de pesquisa, também utilizada por algumas grandes empresas e entusiastas de tecnologia, era cada vez mais procurada para atividades comerciais. Operações anteriormente complexas que requeriam conhecimento especializado para qualquer coisa além do e-mail, tornaram-se fáceis de realizar com um simples clique de um mouse, provocando um enorme aumento no tráfego da Internet e um aumento da atividade empresarial, que se reforçavam mutuamente.

O uso comercial da Internet no Brasil só começou em 1995, ano em que a NSFNET foi desativada, depois de um estudo piloto da Embratel, em dezembro de 1994. Quando a Embratel lançou seu serviço comercial, um medo surgiu na crescente comunidade brasileira da Internet de que a empresa iria monopolizar a Internet comercial brasileira.

O presidente Fernando Henrique Cardoso, que assumiu o cargo em 1º de janeiro de 1995, estava determinado a acabar com o monopólio estatal nas telecomunicações. Neste esforço, teve o forte apoio de seu Ministro das Comunicações, Sérgio Motta, que determinou em abril de 1995, através da Norma 004-1995, que o acesso à Internet era um serviço de valor agregado sobre o qual não haveria nenhum monopólio. A Norma 004-1995 definiu o "Serviço de Conexão à Internet" como um nome genérico que designa um serviço de valor agregado que permite o acesso à Internet por usuários e provedores de serviços de informação. Motta, em seguida, anunciou que a Embratel teria de deixar de fornecer o acesso às pessoas físicas e rejeitou a sua tentativa de cobrar uma taxa especial para os utilizadores da Internet. Isso garantiu que os pequenos PSIs emergentes, como os incubados pelo IBASE, estivessem livres para crescer.

A Norma 4 fomentou, assim, o surgimento de milhares de pequenos e médios provedores que atendem a áreas remotas ou mercados mais pobres, onde as grandes empresas de telecomunicações relutaram procurar clientes. Esta multidão de pequenos e médios PSIs não se encontra na maioria dos demais países. Como será visto no Capítulo 3, muitos desses provedores locais conseguem competir com sucesso com as grandes operadoras. Muitas vezes estes pequenos e médios PSIs oferecem um serviço de melhor qualidade técnica mas também melhor adaptado às necessidades de seus clientes, que conhecem pessoalmente.

Três anos foram precisos para promulgar a legislação necessária que privatizaria as empresas estatais de telecomunicação. Enquanto isso, condições tinham de ser criadas que permitissem à Internet comercial crescer fora do controle das empresas de telecomunicações estatais a serem extintas. Os novos PSIs obtiveram acesso à Internet via Embratel ou RNP, até que as novas telecoms privadas assumissem esta função, no final da década de 90.

Para acompanhar a evolução da situação e elaborar novas regras para a Internet no Brasil, o Comitê Gestor da Internet no Brasil (CGI.br) foi criado pela Portaria Inter-ministerial (MCT e MC) 147, de 31 de maio de 1995, posteriormente alterada pelo Decreto Presidencial 4.829, de 3 de Setembro de 2003. O mandato do CGI. br é de coordenar e integrar todas as iniciativas de serviços da Internet no Brasil, bem como promover a qualidade técnica, a inovação e a disseminação dos serviços disponíveis. O CGI. br apoiou a recém-criada Internet comercial brasileira através da cooperação público-privada. O papel do CGI será explorado em detalhe no Capítulo 7, que trata do modelo brasileiro de governança da Internet.

A mesma Portaria Interministerial permitiu que os PSIs comerciais pudessem se conectar à RNP. Esta portaria foi o resultado de extensas manobras políticas nos bastidores por parte de Ivan Moura Campos, do MCT, de Renato Guerreiro, então Secretário de Serviços de Comunicações do MC e do líder do IBASE, e de Herbert de Souza (Betinho), o líder do IBASE, trabalhando em estreita coordenação com Carlos Afonso, da Alternex.

A Lei Geral de Telecomunicações, a privatização, as instituições e a estrutura do mercado

O atual quadro institucional do sistema de telecomunicações do Brasil foi estabelecido pela Lei 9.472, de 16 de julho de 1997, a Lei Geral de Telecomunicações (LGT). Esta legislação criou a Agência Nacional de Telecomunicações (Anatel) como órgão regulador encarregado de defender os interesses do Estado e do cidadão, incentivar a concorrência, promover a universalização dos serviços de telecomunicações e atualizar a tecnologia de telecomunicações.

A LGT, em conjunto com a Emenda Constitucional nº 8 de 15 de outubro de 1995, acabou com o monopólio estatal da Telebras, a *holding* que controlava empresas de telecomunicações do setor público em cada estado brasileiro, até a sua privatização em 1998. O objetivo da privatização foi criar um mercado de telecomunicações competitivo e fornecer uma ampla gama de serviços de telecomunicações a preços acessíveis para a população. Três empresas de telecomunicações regionais, também chamadas "concessionárias", surgiram, a partir da privatização: a Telefônica, em São Paulo, o maior mercado; a Telemar (agora chamada Oi), nos estados do norte, nordeste e sudeste, e a Brasil Telecom, no centro-oeste, oeste e sul do país. A Telefônica e a Brasil Telecom eram controladas por empresas estrangeiras.

Em 2008, a Brasil Telecom foi absorvida pela Oi (que em março de 2014 estava em processo de fusão com a Portugal Telecom), reduzindo a duas as empresas concessionárias. A Embratel continuou como uma operadora de longa distância, para chamadas internacionais, mas passou também a oferecer também serviços de telefonia corporativos, a telefonia móvel (Claro) e a TV a cabo (Net). Estas três empresas (Embratel, Claro e Net) são controladas pela Telmex, empresa mexicana. Hoje, estas três subsidiárias da Telmex oferecem acesso à Internet, tendo criado subsidiárias com esta finalidade.

Em 1999, em cada região, e no caso da Embratel em todo o país para a cobertura das ligações internacionais, uma segunda nova operadora, chamada "empresa espelho", foi criada, através de leilões abertos, estabelecendo duopólios, embora as recém-chegadas tivessem que começar a construir suas redes praticamente da estaca zero. Assim ficaram em desvantagem considerável, embora podendo tirar proveito de tecnologias mais atualizadas. Em 2002, as empresas-espelho em cada região tinham apenas 1% do tráfego.[23]

A partir de 2002, não houve mais restrições sobre o número de novos participantes, surgindo então vários "espelhinhos". Dois espelhos da Embratel, a Vésper e a Intelig, foram comprados pela Embratel em 2003 e pela TIM em 2009, respectivamente. O maior espelho original, inicialmente na região da Brasil Telecom, a Global Village Telecom (GVT), foi muito bem sucedida na expansão de sua rede de fibra óptica e agora está ativa em 20 estados, oferecendo banda larga de alta velocidade e outros serviços. Foi comprada pela empresa francesa Vivendi, em 2009.

Há uma competição considerável entre as quatro principais operadoras de telefonia móvel (Oi, TIM, Vivo e Claro), e, em alguns estados, operadoras menores. Mas para a telefonia fixa e o serviço de Internet as empresas regionais, a Telefônica e a Oi, desfrutaram de quase-monopólios em suas regiões por alguns anos, tendo extensas redes *backbone* de fibra óptica e de microondas e redes "última milha" de cobre, nos mercados mais ricos.

Como as incumbentes nos Estados Unidos e muitos outros países, as brasileiras encontram maneiras de resistir ao *"unbundling"*, apesar da obrigação legal de fazê-lo, procurando manter as suas posições de mercado. *Unbundling* significa o dever de prestar, a qualquer operadora de telecomunicações requerente, para o aprovisionamento de um serviço de telecomunicações, o acesso a elementos da sua rede em qualquer ponto tecnicamente viável a preços, termos e condições justos, razoáveis e não discriminatórios. Exemplos incluem o arrendamento do acesso às suas redes de última milha e à rede *backbone* de fibra óptica, venda por atacado de capacidade (largura de banda) e arrendamento de fibras apagadas para os concorrentes, grandes e pequenos.

A Anatel tem independência administrativa e autonomia financeira, porém está oficialmente vinculada ao Ministério das Comunicações (MC). Os diretores da Anatel são nomeados pelo Presidente da República para mandatos fixos, e têm que ser aprovados pelo Senado Federal. A LGT já previa a necessidade de *unbundling*. Vieram depois as regras para exigir venda por atacado de largura de banda, com base nos custos. Mas a Anatel tem sido muito fraca para fazer valer os seus próprios regulamentos.

Uma das razões para a fraqueza da Anatel é que o financiamento das suas atividades foi cortado abaixo do que estava inicialmente previsto. Este financiamento vem do orçamento federal e do Fundo de Fiscalização das Telecomunicações (Fistel). As receitas do Fistel vêm de uma variedade de fontes, as mais importantes sendo as taxas para a manutenção dos números de telefone. A receita fiscal para o período 2001-2012 totalizou R$44,2 bilhões, mas a Anatel recebeu apenas cerca de 10% dessa receita.[24] Outra razão para a fraqueza da Anatel é a pressão exercida sobre ela e o Ministério das Comunicações pelas concessionárias poderosas.

Em 2000, o Fundo de Universalização dos Serviços de Telecomunicações (Fust) foi criado, conforme previsto na LGT, para financiar a cobertura de mercados distantes e mais pobres, O Fust é financiado principalmente por um imposto de 1% sobre a receita bruta das operadoras de telecomunicações e parte das receitas Fistel. Durante o período de 2001-2012 a receita Fust totalizou R$14,3 bilhões, dos quais R$1,9 bilhões foram recolhidos em 2012.[25] Simplesmente não foi utilizada para sua finalidade legal.

Da mesma forma, o Fundo para o Desenvolvimento Tecnológico das Telecomunicações (Funttel), também previsto na LGT, tem o objetivo de estimular a inovação tecnológica, incentivar a capacitação de recursos humanos, fomentar a geração de empregos e promover o acesso de pequenas e médias empresas a recursos de capital, de modo a ampliar a competitividade da indústria brasileira de telecomunicações. O Funttel recebe 0,5% sobre a receita bruta das operadoras de telecomunicações,[26] porém usou apenas de 40 a 50% de suas receitas para este fim.

O Ministério da Fazenda vem desviando praticamente todas as receitas do Fust, 90% daquelas do Fistel e de 50 a 60% das do Funttel para formar um superávit primário destinado a pagar os juros da dívida federal. A legislação para mudar o destino dos recursos do Fust definha no Congresso desde 2007, como será discutido no Capítulo 5.

Capítulo 2: Origens e Instituições da Internet no Brasil

[1] Uma longa lista de fontes sobre a história da Internet com links para cada um pode ser encontrada no site da Internet Society, http://www.internetsociety.org/internet/what-internet/history-internet. Acessado em 27/01/2014. Particularmente útil é de Leiner et al. (1996). Veja também Haffner & Lyon (1996), um livro escrito em estilo jornalístico, e Slater (2002), uma apresentação com informações detalhadas sobre uma longa lista de pioneiros da Internet.

[2] Kleinrock (1961 e 1964).

[3] Baran (1964). Esta referência é a primeira na série. As outras estão citadas em pp. 35-36 desta referência.

[4] Comunicação via e-mail, outubro de 2013.

[5] Cerf & Kahn (1974).

[6] Uma arquitetura aberta de rede é descrita da seguinte forma em Leiner et al. (1996), p. 3 "Nesta abordagem, a escolha de qualquer tecnologia de rede individual não é ditada por uma arquitetura de rede particular, mas pode ser selecionada livremente por um fornecedor e feita para interagir com as outras redes através de uma meta-nível *"Internetworking Architecture"*. Até aquele momento havia apenas um método geral para a federação de redes. Este foi o método de comutação de circuitos tradicionais onde as redes se interligariam ao nível do circuito, passando os bits individuais síncronamente ao longo de uma porção de um circuito de ponta-a-ponta entre um par de localizações."

[7] Veja Slater (2002) para notas biográficas sobre uma longa lista de pioneiros da Internet.

[8] http://en.wikipedia.org/wiki/Abilene_Network.

[9] Menezes de Carvalho (2006), p. 55.

[10] Ibid. p. 56.

11   Veja Baer (2001), especialmente capítulos 4-6, e Dantas (1988).

12   Correspondência com Luiz Oscar Dantas, 28/01/2014.

13   Veja artigos em Wikipedia: http://en.wikipedia.org/wiki/ New_World_Information_and_Communication_Order e http://en.wikipedia.org/wiki/New_International_Economic_Order. Ambos acessados em 27/01/2014.

14   Dantas (1988), p. 144.

15   Menezes de Carvalho (2006), p. 74.

16   Stanton (1993), p. CFB-3.

17   Menezes de Carvalho (2006), p. 84.

18   Correspondência via e-mail com Michael Stanton, 16/02/ 2014.

19   Menezes de Carvalho (2006), p. 89.

20   Correspondência por e-mail com Michael Stanton, 16/02/2014.

21   Menezes e Carvalho (2006), p. 90.

22   Os seguintes parágrafos aproveitam informação em Menezes de Carvalho (2006) pp 111-120, Peregrino & Porto (2004) e um currículo de Carlos Afonso que pode ser encontrado em http://www.cgi.br/eleicao2010/cvs/ CarlosAfonso.pdf. Acessado 28/01/2014

23   Considera et al., p. 8.

24   Em 2012, por exemplo, a receita do Fistel totalizou R$4,9 bilhões, enquanto os gastos reais da Anatel totalizaram R$364 milhões e as despesas autorizadas não pagas no final do ano foram R$79 milhões. Anatel (2013), pp 115 e 117.

25   Anatel (2013), p. 116 e Anatel (2012), p. 19.

26   http://www.mc.gov.br/acoes-e-programas/inovacao-tecnologica/fundo-para-o-desenvolvimento-tecnologico-das-telecomunicacoes-funttel. Acessado 30/04/2014.

Capítulo 3

O Desenvolvimento da Internet no Brasil

Como a Internet brasileira cresceu? Como está sendo usada? Quais são alguns dos principais problemas que enfrenta? Estas são algumas das questões a serem abordadas neste capítulo.[1]

Uso fixo e móvel da Internet

Estatísticas detalhadas sobre a Internet no Brasil e seu uso por indivíduos, famílias e empresas têm sido coletadas pelo departamento de pesquisa do CGI.br, o Centro de Estudos sobre Tecnologias da Informação (CETIC.br) e também, com menos detalhes, pelo Instituto Brasileiro de Geografia e Estatística (IBGE) por meio da sua Pesquisa Nacional por Amostra de Domicílios (PNAD), ambas desde 2005.[2]

Segundo a última PNAD, publicada em 2013, 83 milhões de pessoas com 10 anos ou mais de idade acessaram a Internet nos três meses anteriores à pesquisa realizada em 2012. As pesquisas do CETIC.br mostram que a porcentagem da população do Brasil com 10 anos ou mais que acessou a Internet nos três meses anteriores à pesquisa aumentou de 30% em 2005, para 49% em 2012 (último ano para o qual existem estatísticas disponíveis – Tabela 1) e os domicílios com acesso à Internet aumentaram de 21% para 40%. A porcentagem de empresas com 10 ou mais empregados que acessaram a Internet, nos 12 meses antes da pesquisa, permanecia praticamente estável (96% em 2005 e

97% em 2012), no entanto a amostra de empresas tinha mais do que triplicado em tamanho. Dessas empresas com acesso à Internet, o percentual daquelas com um site caiu ligeiramente, de 59% para 55%.

Tabela 1: Proporção de pessoas que acessaram a Internet Durante os Três Meses Antes da Pesquisa, em 2012

C2 - PROPORÇÃO DE INDIVÍDUOS QUE ACESSARAM A INTERNET - ÚLTIMO ACESSO
C2 - PROPORTION OF INDIVIDUALS WHO HAVE ACCESSED THE INTERNET BY LAST ACCESS
Percentual sobre o total da população [1]
Percentage of the total population [1]

Percentual (%) *Percentage (%)*			Há menos de 3 meses (usuário)[2] - *Less than three months ago (user)* [2]
TOTAL			49
Área /	Area	Urbana / Urban	54
		Rural / Rural	18
Região /	Region	Sudeste / Southeast	55
		Nordeste / Northeast	38
		Sul / South	53
		Norte / North	36
		Centro-Oeste / Center-West	53
Sexo /	Sex	Masculino / Male	47
		Feminino / Female	50
Grau de instrução /	Level of education	Analfabeto / Educação infantil / Iliterate / Pre-school	1
		Fundamental / Elementary	30
		Médio / Secondary	72
		Superior / Tertiary	93
Faixa etária /	Age group	De 10 a 15 anos / 10 to 15 years old	70
		De 16 a 24 anos / 16 to 24 years old	74
		De 25 a 34 anos / 25 to 34 years old	62
		De 35 a 44 anos / 35 to 44 years old	46
		De 45 a 59 anos / 45 to 59 years old	31
		60 anos ou mais / 60 years or older	8
Renda familiar /	Family income	Até 1 SM / Up to 1 MW	18
		Mais de 1 SM até 2 SM / More than 1 and up tp 2 MW	33
		Mais de 2 SM até 3 SM / More than 2 and up to 3 MW	51
		Mais de 3 SM até 5 SM / More than 3 and up to 5 MW	69
		Mais de 5 SM até 10 SM / More than 5 and up tp 10	82
		Mais de 10 SM / More than 109 MW	91
Classe social /	Social class	A	94
		B	80
		C	47
		DE	14
Condição de atividade / status	Economic activity	PEA / Economically active population	52
		Não PEA / Economically inactive population	43

[1] Base: 166.605.600 pessoas. Respostas estimuladas. Dados coletados entre outubro de 2012 e fevereiro de 2013.
[1] Base: 166 600 000 persons. Stimulated answers. Data collected between October 2012 and February 2013.
[2] Considera-se "usuário" aquele que utilizou o computador há menos de três meses em relação ao momento da entrevista.
[2] A "user" is an individual who the Internet less than the three months prior to the interview.

Fonte: CETIC.br (2013), Tabela C2.

Olhando agora para os domicílios com computador (46% de todos os domicílios em 2012), 40% tinham algum tipo de acesso à Internet, contra apenas 13% em 2005. Curiosamente, dos 24,3 milhões de residências com acesso à Internet em 2012, apenas 7% contava com serviço dial-up, enquanto 67% tinham algum tipo de conexão de banda larga fixa (cabo, linha telefônica (DSL), rádio ou satélite). Outros 21% tinham banda larga móvel (modem 3G, mas excluindo smartphones). Diferenças por região, renda e classe sócio-econômica seguiram o mesmo padrão observado no acesso individual.

Em suma, a inclusão digital dos indivíduos e das famílias avançou substancialmente, mas ainda há muito a ser feito para alcançar as regiões e indivíduos mais pobres, os grupos etários mais velhos e as áreas rurais.

As conexões de banda larga fixa no final de 2013 totalizaram 22,3 milhões, um aumento de 11% em um ano, fornecendo cerca de 39% dos lares brasileiros com esse tipo de conectividade.[3] A banda larga fixa está disponível em todos os 5.570 municípios do Brasil, pelo menos nas sedes municipais (municípios incluem áreas rurais consideráveis, especialmente nas regiões menos densamente povoadas do Brasil). Graças a essa disponibilidade, 66.000 escolas públicas urbanas de ensino fundamental e médio receberam conexões de banda larga grátis via programa Banda Larga nas Escolas.[4]

Este programa foi iniciado em abril de 2008, quando as empresas de telecomunicações assumiram essa obrigação no lugar do requisito de estabelecer "postos de serviços de telecomunicações" em cada sede municipal, conforme explicado no Capítulo 5.

A cobertura de banda larga sem fio da terceira geração (3G) vem crescendo rapidamente, atingindo 3.564 ou 64% dos municípios brasileiros, com cerca de 91% da população do Brasil em dezembro de 2013.[5] O número de conexões de banda larga sem fio havia chegado a 118 milhões em fevereiro de 2014, um aumento surpreendente de 62% em apenas um ano. Destas conexões, 102,8 milhões foram telefones celulares, inclusive smartphones, e 15,2 milhões foram terminais de dados, entre eles modems de acesso à internet e chips de conexão máquina-máquina (M2M). Das conexões sem fio, havia 1,8 milhão móveis da quarta geração (4G até dez vezes mais rápidas do que 3G), cujas redes já estão em 99 cidades brasileiras, onde moram 36% da população.[6]

O rápido aumento na penetração de smartphones e tablets deve levar a uma forte demanda para o serviçoo 4G, com velocidades da ordem de 10 vezes maior do que as oferecidas pelas tecnologias 3G, como HSPA + (oferecida pela Vivo e Claro, com velocidades de 3 e 6 Mbps). A partir de 29 de janeiro de 2014, o serviço de 4G, usando a tecnologia *Long Term Evolution* (LTE), ficou disponível na Vivo, Claro, TIM e/ou Oi em 98 municípios, inclusive nas capitais de 23 dos 26 estados brasileiros e Distrito Federal. Juntos, esses municípios têm 35,9% da população do Brasil. O serviço está disponível em todas as 12 cidades da Copa do Mundo.[7]

A penetração de banda larga móvel no Brasil de 35 por 100 habitantes no final de 2013[8] era ligeiramente superior à de Portugal, mas cerca de 37% daquela nos Estados Unidos.[9] No terceiro trimestre de 2013 as vendas de smartphones chegaram a 10,4 milhões, 147% maior do que as vendas no mesmo período de 2012. Em março de 2014, smartphones Android desbloqueados estavam sendo vendidos a preços tão baixos quanto US$ 100 em lojas online brasileiras. Os smartphones vendidos por operadoras de telefonia móvel com um contrato são mais baratos do que os desbloqueados, muitos dos quais podem usar dois ou mais SIMs (*Subscriber Identity Module* – um pequeno cartão de plástico removível que identifica a empresa e transportadora em um telefone celular), assim permitindo ao usuário aproveitar dos preços mais baratos para chamadas a celulares da mesma operadora.

Nos últimos anos, o CETIC.br fez varios estudos sobre os usos específicos da Internet: na educação, saúde, organizações sem fins lucrativos, PSIs, para jovens de 9 a 16 anos de idade e para as crianças de 5 a 9 anos de idade. Essas pesquisas fornecem valiosas informações, com muitas tabelas disponíveis on-line.[10] Por exemplo, considere alguns dados sobre os usos educacionais da Internet. Dos estudantes do 9º ano do Ensino Fundamental e do 2º ano do Ensino Médio, 91% acessaram a Internet nos três meses anteriores à pesquisa. Os alunos fizeram uso extensivo da Internet para uma ampla variedade de fins educacionais, sendo a mais comum fazer pesquisa para a escola (86%), projetos (76%), exercícios em grupo (72%) e exercícios exigidos pelo professor (63%). As porcentagens foram sempre superiores nas escolas privadas, quando comparadas com as escolas públicas.

As redes sociais são muito populares. O Brasil é o segundo maior mercado do mundo para o Facebook, superado apenas pelos Estados Unidos. O Brasil tinha 67,9 milhões de contas a partir de março de 2013, um aumento de 79% em um só ano, tornando-se uma ferramenta cada vez mais poderosa de comunicação. Os maiores usuários do Facebook estavam no grupo etário 18-24 anos, com mais de 10 milhões de usuários tanto do sexo masculino quanto do feminino. O segundo maior grupo era daquele com idade de 25 até 34 anos, com cerca de 10 milhões de usuários do sexo feminino e 8 milhões do sexo masculino.[11] O Twitter tinha mais de 14 milhões, o terceiro maior número de usuários depois dos Estados Unidos e do Japão.[12] Em julho de 2013 o Brasil tinha 14 milhões de usuários do LinkedIn, o segundo maior contingente no mundo, depois dos Estados Unidos.[13]

O YouTube tinha 38,9 milhões de visualizações únicas em 2013, ou 84 por espectador. Os internautas brasileiros em dezembro de 2012 gastaram uma média de 9,3 horas em sites de mídia social, ou 77% a mais do que a média mundial, de um total de 27 horas online. O assunto de interesse com maior crescimento em 2012 foi política. Os usuários gastaram 189% mais tempo navegando em sites de política em 2012 comparado com 2011. No entanto, o tempo gasto em sites políticos foi apenas 19% daquele gasto em sites que tratam de beleza/moda/estilo.[14]

O papel dos pequenos provedores na inclusão digital[15]

A rápida expansão do uso da Internet está mudando padrões de vida até nas regiões remotas do Brasil. Em 1986, a família de Adilson Klaffke chegou às franjas desmatadas da Amazônia, na região de Nova Guarita, uma cidadezinha no extremo norte de Mato Grosso surgida nos anos 80 durante a corrida do ouro e que hoje tem 2.500 habitantes. A família, vinda de São Miguel do Oeste, em Santa Catarina, dedicou-se à agricultura e, mais tarde, explorou madeira. Adilson, no entanto, tomou outro rumo. Tornou-se técnico eletrônico e consertava televisores. Autodidata em informática, passou a vender e a reparar computadores. Em 2007, alugou um pequeno enlace dedicado de 1 megabit por segundo (Mbps) da Oi a partir de Sinop, nomeada pelo povo de Capital do Nortão, cidade de 110 mil habitantes a cerca de 200 quilômetros a sudoeste de Nova Guarita. Adilson montou um provedor, Lasernet, que atende 320 usuários na cidade e em sete agrovilas na redondeza.

"Consigo qualidade melhor que a Oi," diz Adilson, hoje com 38 anos. "Com isso atendo as agrovilas e até o Departamento de Transito (Detran) da cidade usa meu serviço. Antes, o Detran não conseguia emitir documentos por falta de acesso à Internet."

Agora os agricultores usam suas conexões para encomendar insumos agrícolas, acessar informações técnicas, previsões do tempo, notícias do Brasil e do mundo e para trocar novidades com parentes e amigos no Sul.

Em 2013, Klaffke conseguiu sua licença de Serviço de Comunicação Multimídia (SCM) da Anatel. Essa licença o autoriza a oferecer não só banda larga, mas também serviços de telefonia e TV a cabo. Porém, para muitos pequenos provedores, a licença SCM não é economicamente viável. Eles até poderiam pagar o valor da licença (reduzido de R$9.000 para R$ 400 em maio de 2013), mas dificilmente teriam condições de atender a todas as exigências da Anatel, como manter sob contrato um engenheiro de telecomunicações.

Por estas razões existe um alto grau de informalidade. De acordo com cálculos da Associação Brasileira de Provedores de Internet e Telecomunicações (Abrint), deve haver em torno de 9 mil provedores, registrados e informais, operando em milhares de municípios espalhados por todo o Brasil.

A história da interiorização do desenvolvimento está intrinsecamente relacionada à expansão dos meios de comunicação. A instalação de uma linha telegráfica, em 1909, e a construção da BR-364 ao longo das linhas do telégrafo, deram origem ao município de Cacoal, em Rondônia, uma cidade que agora tem fibra óptica.

Com cerca de 80 mil habitantes, Cacoal é atendida pela empresa Speed Travel, um pequeno provedor administrado por Ed Carlo Saboia. Aos 30 anos, Saboia pode ser considerado um símbolo dessa transformação. Nascido em Rondonópolis, filho de pais cearenses que migraram para Rondônia, ele começou a trabalhar para um provedor local em 2000. O dono da empresa era um gaúcho que, tendo decidido voltar ao Rio Grande do Sul, vendeu-lhe o negócio em 2003. Em sociedade com seu pai, Saboia expandiu o negócio rapidamente. Em 2013 a Speed Travel tinha dez empregados e cerca de 3.500 clientes. O empresário construiu um anel de fibra óptica de 40 quilômetros que atende também aos moradores de Pimenta Bueno e Vilhena, municípios vizinhos.

José Selestino começou seu negócio na Internet, na pequena cidade de Uruará, no Pará, na rodovia Transamazônica, uma estrada de terra batida ainda atormentada por lama e buracos. Há quatro anos, este desbravador de 33 anos alugou um enlace de fibra óptica originário de Brasília, construiu torres, instalou equipamentos Wi-Fi e prestou apoio técnico para manter a lealdade de seus clientes

A velocidade, aliás, tem sido a palavra-chave no universo competitivo dos médios e pequenos provedores. A viabilidade do negócio depende da fidelização dos clientes e eles não serão fiéis se não tiverem conexões cada vez mais rápidas e eficientes. A trajetória de Leandro Dias de Almeida, dono da Direct Wi-Fi, de Campo Magro, no Paraná, é emblemática do esforço realizado por seus pares pelo Brasil afora. O negócio começou pequeno, com a compra de um enlace de rádio de 1 Mbps, com o qual ele servia quinze clientes. Em 2011, o negócio dobrou: 2 Mbps obtidos da Copel Telecom, filial da distribuidora estadual de energia, e trinta clientes. No ano seguinte, a empresa dobrou novamente de capacidade, para 4 Mbps. Ate aí a progressão era apenas geométrica. O grande salto foi dado em 2013, com um enlace de 200 Mbps com outra operadora, que usa fibra óptica. Como no caso de Saboia, o negócio de Dias de Almeida é velocidade.

Há muitos outros jovens empreendedores Brasil afora: entre eles Samuel Pereira e Asafe Coimbra da NetRocinha, no Rio; Renato Salomão de Oliveira, da Rondonet, cuja sede fica em Ariquemes,

Rondônia e Roberto Filgueiras, da Print Internet, em Macaé, Rio de Janeiro. O Brasil tem cerca de 4 mil pequenos provedores registrados na Anatel.

A co-existência de milhares de pequenos e médios provedores com grandes incumbentes é algo quase exclusivamente brasileiro. Outros países em desenvolvimento podem também ter esse modelo, mas o fato é que na maioria dos países os serviços de Internet são oferecidos por poucos e grandes provedores. "Há países sem nenhum provedor independente", afirma Basílio Perez, presidente da Abrint. "A diversidade que existe no Brasil deve ser preservada e incentivada." Muitos desses pequenos provedores começaram a operar ainda no tempo do acesso discado, em 1995. "Como temos provedores com 18 anos de existência", comenta Perez, "podemos dizer que esse mercado já está chegando à maioridade."

A história dos pequenos provedores está associada às pequenas cidades brasileiras. Nos grandes centros urbanos, a concentração de clientes logo atraiu o interesse dos provedores em grande escala. No início, o serviço era oferecido pelas empresas telefônicas que usavam a infraestrutura já disponível. Foi o caso do Speedy, da Telefônica e do Velox, da Oi.

Mais tarde, entraram as empresas de TV a cabo, ampliando o mercado de banda larga e concorrendo com as tradicionais empresas de telefonia. As empresas de TV a cabo, no entanto, não entraram nas cidades pequenas, onde um mercado rarefeito não justificava o investimento de vulto. E foi nessa brecha que surgiu o fenômeno brasileiro do empreendedorismo dos pequenos provedores. Eles começaram a operar via rádio – basicamente por uma questão de preço mais baixo – e depois, à medida em que cresciam e adquiriam algum vigor financeiro, passavam para a fibra óptica. Com pequenas diferenças, essa é a história de Adilson Klaffke e de tantos outros pequenos provedores.

Os pequenos empreendedores são importantes para ligar as linhas de tronco nacionais a lugares de difícil acesso. Atuam movidos pela "mão invisível do mercado" descrita há mais de dois séculos por Adam Smith em *A Riqueza das Nações*. "Não é da benevolência do açougueiro, do cervejeiro ou do padeiro que esperamos nosso jantar, mas de seu empenho em seu próprio interesse", escreveu o pai da economia politica.[16]

Juventude, participação política e a Internet

Hoje, praticamente todos os jovens têm acesso à Internet. O aparelho pode não ter todos os recursos, nem precisa ser de uso próprio do jovem – mas o acesso, ainda que precário em muitos casos, está amplamente disponível.

Enquanto eu pesquisava para a elaboração deste livro, tive a oportunidade de conhecer jovens da periferia de São Paulo que participavam do programa Círculos de Leitura, do Instituto Fernand Braudel, que já chegou a milhares de estudantes de escolas públicas da periferia da Grande São Paulo e nos estados do Nordeste. Queria saber como esses jovens usavam a Internet e o que pensavam disso. Todos usavam diariamente a banda larga, quase todos em suas próprias casas. Um deles usava uma conexão Wi-Fi de um vizinho (pela qual pagava R$ 15 por mês). Muitos também acessavam a Internet via smartphones e às vezes em lanhouses, onde a maioria entrou em contato pela primeira vez com a Internet. Todos estão conectados com parentes, amigos e conhecidos através do Facebook e às vezes por e-mail, usado para as comunicações mais formais. Eles fazem download de músicas, assistem a filmes em *streaming*, pesquisam no Google e procuram conhecimento – e não apenas para os estudos nas escolas.

"Eu tenho Internet no meu DNA", diz Mateus Gomes Sousa Santos, aluno de oitava série numa escola municipal de São Miguel Paulista. "Se eu não tenho acesso à Internet fico isolado e estressado. A Internet é um item básico e essencial de todas as casas", diz Bhrian Machado da Silva. "Hoje em dia, quem não tem acesso em casa pode pegar em qualquer lugar, como numa lanhouse, biblioteca, num centro comunitário ou no trabalho. A Internet é uma necessidade, não apenas para se comunicar, mas para aprender, encontrar pessoas e localizar velhos amigos", diz Mariana Silva da França. "Em nossa escola, o professor nos ajuda na preparação para a escola técnica que frequentamos paralelamente à do nível intermediário. Ele nos faz perguntas, nós procuramos as respostas na Internet e mandamos para ele por e-mail. E depois discutimos pessoalmente os resultados", diz Luis Guilherme Castro.

A Internet tornou-se um instrumento de mobilização política e de uma participação mais direta e contínua através da mídia social. Ela não pode ser facilmente controlada por governos.[17] Foram jovens como aqueles nos Círculos de Leitura que participaram das manifestações iniciadas em junho de 2013 em várias cidades do Brasil. Deflagrados por protestos contra um aumento na passagem de ônibus em São Paulo, os protestos rapidamente se espalharam pelo país, com demandas mais amplas, como o fim da corrupção e da impunidade de políticos e outros que cometerem crimes; e melhorias na educação, saúde, segurança pública e transporte.

Todas as manifestações foram organizadas e monitoradas através das mídias sociais na Internet e pelo uso de telefones celulares. Uma pesquisa de manifestantes nas capitais de sete estados brasileiros, realizadas pelo IBOPE, equivalente brasileiro do Gallup, constatou que 78% dos participantes nos protestos souberam deles através da mídia social e 75%

usaram as mídias sociais para convidar amigos para se juntar a eles.[18] Os participantes nas manifestações usaram fotografias e vídeos postados no Facebook, Twitter, YouTube, etc. para reportar diretamente uns aos outros e ao mundo, deixando de lado a imprensa tradicional e a mídia eletrônica que acusam de tendenciosas e imprecisas.

É notável que entre os países BRICS (Brasil, Rússia, Índia, China e África do Sul), é o Brasil que tem o maior percentual de "nativos digitais", definidos como aqueles indivíduos no grupo etário dos 15-24 anos que usaram a Internet por pelo menos cinco anos, não só como uma porcentagem da população total, mas também uma porcetagem deste grupo etário. A classificação do Brasil por ambas as medidas também está acima das da Argentina e do México, mas muito abaixo à da Coréia do Sul (Tabela 2).[19]

Tabela 2: Nativos Digitais em Países Selecionados, 2012

País	Nativos Digitais (milhões)	ND % da Pop.	ND % de Jovens	Jovens como % da Populaçao	ND como % da População (Posição)
Brasil	20.1	10.1	60.2	16.8	37
Rússsia	9.0	6.3	49.6	12.7	84
Índia	22.7	1.8	9.5	18.9	139
China	75.2	5.6	34.7	16.0	89
África do Sul	1.8	3.6	18.6	19.6	111
Argentina	3.6	8.6	52.5	16.5	53
México	9.1	7.8	43.3	18.1	66
Coréia do Sul	6.6	13.5	99.6	13.5	3

Fonte: ITU (2013), Tabela 2.2, p. 143

Considerando os métodos de organização e comunicação, a maioria dos manifestantes deste "outono brasileiro" era provavelmente de nativos digitais. Eles têm emulado e desenvolvido as técnicas utilizadas pelos manifestantes tunisianos, egípcios, sírios e turcos da "Primavera Árabe", o movimento *Occupy* nos Estados Unidos, as *Indignadas* na Espanha, e a "Revolução do Panelaço", na Islândia.[20] No Brasil, assim como nos Estados Unidos, esse movimento reflete a baixa e decrescente legitimidade da democracia representativa, onde a participação do cidadão é mediada pelos partidos políticos e limitada à votação periódica.[21]

Os cidadãos vêem cada vez mais os legisladores e os partidos políticos como tendo sido comprados por *lobbies* bem financiados e por interesses corporativos, o que resulta em maior desilusão dos cidadãos com as instituições políticas. Esta percepção é mais forte entre as gerações mais jovens, compostas pelos nativos digitais acima mencionados. Eles estão acostumados à comunicação rápida e às transações pela Internet facilitadas pelo rápido crescimento da mídia social. Mas explosões quase espontâneas de atividade do tipo discutido acima podem não ser suficientes para promover a reforma pretendida, a curto prazo, como parece ter sido o destino do movimento *Occupy* nos Estados Unidos.

Movimentos bem coordenados, guiados através da Internet pela mídia social podem derrubar governos (como na Tunísia e no Egito). E há um grande potencial para utilizar a Internet e as mídias sociais para se estruturarem e promoverem amplos e profundos debates sobre as políticas públicas, por vezes com a intermediação de organizações da sociedade civil e/ou dos meios de comunicação tradicionais, como vem acontecendo no Brasil. Do que se precisa para obter resultados em um quadro democrático deve ser a concordância em torno de um conjunto de demandas específicas, que possam ser cumpridas a curto prazo e um segundo grupo a médio prazo, com uma pressão contínua para consegui-las.

O movimento de maior sucesso a fazer isso foi a "Revolução do Panelaço", na Islândia, que resultou não só em medidas fortes contra os *"banksters"*, que tinham causado uma profunda crise econômica, mas também na elaboração de uma nova Constituição escrita por meio de extenso *crowdsourcing*. Cerca de 16.000 sugestões e comentários foram recebidos e debatidos nas redes sociais. Mas, apesar de ser aprovada por uma maioria de dois terços em um referendo, esta "Constituição-Wiki" foi paralisada no parlamento por várias manobras da oposição.[22]

O conteúdo das diversas mensagens dos manifestantes brasileiros, tanto online como nas manifestações maciças, e maneiras de lidar com elas começaram a ser analisados e debatidos na imprensa brasileira e online, em junho de 2013.[23] Um grande número de observadores tem apontado que os partidos políticos são indispensáveis para mediar e agregar essas demandas, mas os manifestantes rejeitam esmagadoramente seus representantes. Na pesquisa do IBOPE acima mencionada 83% dos manifestantes declararam que nenhum politico os representava, 89% dos manifestantes declararam que nenhum partido político os representava, 86% disseram que não pertenciam a nenhum sindicato, associação profissional ou entidade estudantil e 96% não eram afiliados a nenhum partido.[24]

Manuel Castells, diretor do Instituto Interdisciplinar de Internet da Universidade Aberta da Catalunha (Espanha) e Professor da Escola Annenberg de Comunicação da Universidade do Sul da Califórnia (USC), analisou uma série de movimentos de protesto mobilizados pela rede que ocorreram antes daqueles surgidos na Turquia e no Brasil, em 2013, no seu livro *Networks of Outrage and Hope: Social movements in the Internet Age*.[25] Castells descreve alguns elementos comuns desses movimentos, que também caracterizam as manifestações brasileiras.

"Os movimentos se espalham por contágio em um mundo conectado pela Internet sem fio e marcado pela rápida difusão viral de imagens e ideias. Eles começaram no Sul e no Norte, na Tunísia e na Islândia, e a partir daí a faísca acendeu o fogo em uma paisagem social diversificada, devastada pela ganância e manipulação em todos os quadrantes do planeta azul. Esta rebelião multifacetada não foi provocada somente pela pobreza ou pela crise econômica ou pela falta de democracia. Claro, todas essas manifestações comoventes de uma sociedade injusta e de uma política antidemocrática estavam presentes nos protestos. Mas foi, principalmente, a humilhação provocada pelo cinismo e arrogância de quem está no poder, seja ele financeiro, político ou cultural, que reuniu aqueles que transformaram o medo em indignação e o ultraje em esperança de uma humanidade melhor."[26]

No Brasil, algumas agências governamentais, buscando tornar-se mais sensíveis às necessidades dos cidadãos, têm incentivado a participação online na formulação de políticas. Exemplos disso são a participação online na preparação do orçamento municipal, em cidades como Porto Alegre, a apresentação online de propostas de regulamentação da Anatel para comentários antes das consultas públicas e antes da promulgação das versões revistas desses mesmos regulamentos e o processo de elaboração do Marco Civil da Internet, que será discutido em detalhe no Capítulo 7.

A Lei de Acesso à Informação (Lei 12.257, de 11 de novembro de 2011), que entrou em vigor em abril de 2012, estabeleceu o livre acesso às informações do governo em todos os três níveis da estrutura federativa do Brasil como premissa, com as exceções tendo que ser justificadas pela administração pública, efetivamente invertendo a situação anterior. Páginas especiais para solicitar o acesso às informações foram estabelecidas por muitas unidades do governo, mas ainda não se sabe qual a eficácia desta lei.

Em todo o mundo, as técnicas de eGoverno, eLegislatura, eJudiciário, eEducação, eSaúde, eComércio, etc. estão se tornando cada vez mais sofisticadas e interativas: elas passaram da simples "publicação" das informações para a disponibilização das bases de dados pesquisáveis promovendo interações participativas focadas no cidadão e no consumidor, o que permite transações online completas de teor econômico ou documental, e até mesmo facilitando uma abordagem que abrange todo o governo ou empresa, para atender às necessidades dos cidadãos. No governo, isso envolve quebrar compartimentos estanques ministeriais para fornecer serviços públicos necessários e desejados pelos cidadãos, de forma simplificada e conveniente. Isso economiza tempo e dinheiro dos usuários, bem assim melhora a percepção em relação ao governo e às empresas por parte dos cidadãos.[27]

Inclusão digital, telecentros e lanhouses

Em 1995, Rodrigo Baggio lançou o Comitê para Democratização da Informática (CDI), no Rio de Janeiro. Com o apoio inicial do IBASE e depois de várias organizações comunitárias, filantrópicas e do setor privado, o CDI desenvolveu a Escola de Informática e Cidadania (EIC), que se tornou cada vez mais orientada para a Internet. Cobrando uma pequena taxa simbólica para os seus alunos, ela se espalhou rapidamente e em 2004 atingiu o número de 830 EICs em 20 estados brasileiros e dez outros países.[28]

Em 2000, um novo movimento surgiu em São Paulo, com o apoio dos governos estaduais e municipais. Os Telecentros ou

Infocentros (há outros nomes) podem ser definidos como pontos de acesso à Internet gratuitos, que frequentemente oferecem formação digital, por vezes incluindo a construção de web sites e apoio geral às comunidades de baixa renda em que estão localizados. Eles começaram primeiro na Europa e nos Estados Unidos, em meados da década de 1980, e se espalharam para muitos países. No Brasil, existiam mais de 8.000 até o final de 2010. Oficinas nacionais anuais do movimento dos telecentros foram realizadas em diferentes cidades brasileiras. Nestas oficinas, o movimento desenvolveu a sua abordagem para a inclusão digital, compartilhou experiências e procurou algum tipo de coordenação. No nível federal, vários ministérios e o Banco do Brasil implementaram seus próprios programas de telecentros, embora os mesmos não tenham sido coordenados no âmbito do governo.[29]

Os pontos pagos de acesso público à Internet, chamados cyber cafés ou lanhouses, ou, mais recentemente, "centros de inclusão digital", são muito mais numerosos. Em cada ano desde que o CETIC.br iniciou suas pesquisas anuais, eles atingiram uma proporção muito maior do número total de usuários da Internet do que os telecentros gratuitos, mesmo entre as classes sócio-econômicas mais pobres (D e E). Estas lanhouses e cyber cafés eram, em sua maioria, pequenas empresas informais, de propriedade familiar. Elas fornecem acesso à Internet, geralmente com poucas instruções, onde os usuários são livres para navegar como quiserem e utilizar as aplicações on-line (por exemplo, e-mail, redes sociais, Skype e jogos on-line), ao contrário de muitos telecentros, onde o acesso a alguns sites e aos aplicativos pode ser bloqueado. As lanhouses costumam vender outros bens e serviços, tais como fax, impressão, digitalização e equipamentos de informática.[30] O número estimado de lanhouses era de 108.000 no final de 2009, mas até o final de 2012, cerca de 48.000 delas saíram do negócio, provavelmente devido ao aumento do percentual de internautas com acesso em casa.[31]

Observando os dados nacionais do CETIC.br, ao longo dos oito anos em relação aos quais se encontram pesquisas disponíveis, em fevereiro de 2014, a tendência mais marcante é o aumento constante de usuários que acessam a Internet de suas casas. Quanto aos pontos de acesso público, havia sempre uma proporção muito maior de usuários acessando a Internet de lanhouses e cyber cafés do que de pontos públicos de acesso livre. Isto era verdade tanto para o número total de usuários quanto para aqueles das classes sócio-econômicas mais pobres (D e E). Também é notável a ascensão e queda do percentual de usuários dos centros pagos e dos centros públicos de acesso gratuito (Tabela 3).

Tabela 3: Proporção do Total de Usuários da Internet por Local de Acesso, 2005, 2010, and 2012

Local de acesso	2005	2010	2012
Em casa, total	42	56	74
Em casa, classes D e E	8	14	35
Centro público de acesso pago, total	18	35	19
Centro público de acesso pago, classes D e E	30	67	42
Centro público de acesso gratuito, total	2	4	4
Centro público de acesso gratuito, classes D e E	3	6	4

Fontes: Pesquisas CETIC.br, Tabela C6
(2005); Tabela C4 (2010 & 2012)

A falta de uma estratégia nacional de eTransformação

A falta de uma estratégia nacional eTransformação resultou em políticas governamentais insuficientes e mal coordenadas e em sub-investimento na infraestrutura crítica. A única tentativa oficial para justificar e desenvolver tal estratégia foi o relatório publicado em 2000 e intitulado *Sociedade da Informação no Brasil: Livro Verde*. Foi produzido por uma equipe do Ministério da Ciência e Tecnologia, liderada por Tadao Takahashi.[32]

Este documento impressionante, elaborado com as contribuições de centenas de especialistas, foi descrito pelo então Ministro de Ciência e Tecnologia, Embaixador Ronaldo Sardemberg, como "um projeto estratégico, de amplitude nacional, para integrar e coordenar o desenvolvimento e a utilização de serviços avançados de computação, comunicação e informação e suas aplicações na sociedade. Essa iniciativa permitirá alavancar a pesquisa e a educação, bem como assegurar que a economia brasileira tenha condições de competir no mercado mundial." O *Livro Verde*, como é conhecido, propôs "um conjunto de ações para impulsionarmos a Sociedade da Informação no Brasil em todos os seus aspectos: ampliação do acesso, meios de conectividade, formação de recursos humanos, incentivo à pesquisa e desenvolvimento, comércio eletrônico, desenvolvimento de novas aplicações."[33] O programa nunca foi efetivamente implementado.

A partir de 2005, o projeto e-Brasil – um empreendimento de cerca de 70 especialistas brasileiros e internacionais provenientes do governo, da academia, da sociedade civil e de empresas do setor privado – procurou incentivar o desenvolvimento de tal estratégia nos níveis federal, estadual e municipal, com duas publicações em 2006 e 2007.[34] Takahashi, que continuou seu esforço para desenvolver uma estratégia nacional de TIC como consultor, depois de deixar o MCT, fez uma grande contribuição para o projeto e-Brasil. Como observado na apresentação deste livro, é difícil avaliar o sucesso do projeto.[35]

O movimento de cidades digitais

Apesar da ausência de qualquer estratégia nacional global para a utilização das TIC na aceleração do desenvolvimento, alguns pequenos municípios começaram a desenvolver suas próprias estratégias. Tornaram-se conhecidos como Cidades Digitais, embora a definição deste termo seja bastante flexível. Vai desde a prestação do serviço de Internet gratuito a um esforço abrangente para o uso das TIC como um acelerador do desenvolvimento sócio-econômico.

O movimento de cidades digitais começou na Europa e nos Estados Unidos, na década de 1990. A primeira cidade digital do Brasil foi uma pequena cidade de menos de 8.000 habitantes, situada a mais de 600 km da capital do estado de São Paulo: o município de Sud Mennucci. Em 2002, o prefeito da cidade, que não tinha nenhum ISP, decidiu construir uma torre e nela colocar antenas de Wi-Fi, conectadas à Internet através de uma ligação comercial fornecida pela Telefônica. No ano seguinte, o prefeito decidiu abrir a rede Wi -Fi a qualquer cidadão.

Uma abordagem mais estruturada para a construção de uma cidade digital, com uma estratégia global clara por trás disso, foi desenvolvida em Piraí, município cerca de 130 km do Rio de Janeiro ao longo da rodovia que liga o Rio e São Paulo. Em 2004, sob a liderança do então prefeito, Luiz Fernandes de Souza, mais conhecido como Pezão, um sistema de conectividade com a Internet com e sem fio ligando os edifícios do governo municipal, os telecentros, escolas, postos de saúde, bibliotecas e alguns espaços públicos (por exemplo, a estação de ônibus) foi inaugurado.

Um programa sistemático de utilização das TIC para promover o desenvolvimento sócio-econômico de Piraí, especialmente nas escolas, foi concebido e implementado por dois professores universitários que nasceram naquela cidade, Franklin Dias Coelho e Maria Helena Jardim.[36] Em 2009, Piraí tornou-se o primeiro município a ter um computador por aluno e a cidade ganhou uma série de prêmios nacionais e internacionais. Em 2010, o prefeito Pezão foi eleito vice-governador do Estado do Rio de Janeiro.

O exemplo de Piraí foi seguido por outros municípios do estado do Rio de Janeiro e de outros estados do Brasil, embora a abordagem em muitos deles tenha sido menos abrangente, muitas vezes limitada a fornecer o acesso público gratuito à Internet via Wi-Fi. Um programa foi iniciado no MC para expandir o número de cidades digitais, mas por alguns anos limitou-se a uma série de projetos-piloto. Ele realmente não decolou até depois do lançamento do PNBL. Em 2012, 80 cidades foram selecionadas para o Programa Cidades Digitais. Nessa época, o MC tinha definido como cidades digitais aquelas que tivessem uma rede de fibra óptica e:

- enlaces de Internet entre todas as entidades públicas;
- implementação de software para gestão financeira, arrecadação tributária, saúde e educação;
- formação de funcionários públicos na utilização das TIC e software especializado; e
- pontos de acesso público à Internet em praças, estações de ônibus e outros espaços.[37]

Capítulo 3: O Desenvolvimento da Internet no Brasil

[1]   Veja Jenson (2011) para outra análise do desenvolvimento da banda larga no Brasil até 2010.

[2]   CGI.br (2013) tem a última nesta série cada vez mais detalhada de estatísticas e análises baseadas em pesquisas por amostra similares às da PNAD da IBGE. Todas as tabelas dos relatórios do CETIC.br estão disponíveis em http://www.cetic.br/. Os dados da PNAD estão disponíveis em http://www.ibge.gov.br/home/estatistica/pesquisas/pesquisa_resultados.php?id_pesquisa=40. Os dois sites acessados em 24/01/2014.

[3]   O CETIC.br define banda larga como qualquer conexão acima do máximo disponível através de uma conexão discada, que é acima de 64 kbps. Aparentemente, esta definição é utilizada de forma mais ampla no Brasil. Estatísticas da CETIC.br estão disponíveis para várias velocidades, mas quem respondeu à pergunta num grande número de domicílios pesquisados (26% dos domicílios com acesso à Internet em 2012) não sabia ou não respondeu à pergunta sobre a velocidade de sua conexão.

[4]   Telebrasil *release* em http://www.telebrasil.org.br/sala-de-imprensa/releases/5315-brasil-fecha-2013-com-133-milhoes-de-acessos-em-banda-larga. 31/01/2014. Acessado 01/02/2014.

[5]   http://teleco.com.br/3g_cobertura.asp. Acessado 30/01/2014.

[6]   http://telebrasil.org.br/sala-de-imprensa/releases/5651-acessos-em-banda-larga-ultrapassam-140-milhoes-em-fevereiro/ Acessado 29/03/2014.

[7]   http://www.teleco.com.br/4g_cobertura.asp. Acessado 30/01/2014

[8]   http://www.teleco.com.br/ncel.asp. Acessado 30/01/2014.

9   http://www.oecd.org/sti/broadband/
    oecdbroadbandportal.htm. Acessado 30/01/2014.

10 Todos os relatórios podem ser baixados tanto em português
    quanto em inglês em http://www.cetic.br/publicacoes/
    index.htm.

11 Estatísticas do Facebook em http://www.quintly.com/
    blog/2013/03/facebook-country-statistics-march-2013/.
    Acessado 31/01/2014.

12 http://www.rediff.com/business/slide-show/slide-
    show-1-special-15-countries-that-have-most-twitter-
    users/20131009.htm#16. Acessado 02/02/2014.

13 http://www.slideshare.net/linkhumans/linkedin-
    usage-by-country-july-2013-by-link-humans. Acessado
    02/02/2014.

14 Comscore (2013).

15 As citações desta seção são a partir de entrevistas
    realizadas com os participantes da reunião anual da Abrint
    de 2013.

16 Smith (2011), p. 6

17 Castells (2012).

18 http://g1.globo.com/brasil/noticia/2013/06/veja-integra-
    da-pesquisa-do-ibope-sobre-os-manifestantes.html.
    Acessado 02/02/2014.

19 ITU (2013), Tabela 2.2, p. 143.

20 Castells (2012).

21 IBOPE Inteligência (2013).

22 Castells (2012), especialmente pp. 30-44 e Thorvaldur
    (2013).

23 Veja, por exemplo, Bernard Sorj, "A política além
    da internet", http://www.schwartzman.org.br/
    sitesimon/?p=4520&lang=pt-br. Acessado 28 January 2014

24 http://g1.globo.com/brasil/noticia/2013/06/veja-integra-
    da-pesquisa-do-ibope-sobre-os-manifestantes.html.
    Acessado 02/02/2014.

[25] Castells (2012).

[26] Ibid, p. 2.

[27] Para uma análise de tais desenvolvimentos no Brasil e mais sete países, veja Hanna & Knight (2011 and 2012).

[28] Veja Baggio e De Luca (2004) e http://www.cdi.org.br. Acessado em 01/03/2014.

[29] Veja Falavigna & Mori (2004) e Falavigna (2011) para a história e filosofia/ideologia dos telecentros no Brasil.

[30] Almeida (2013).

[31] Ibid.

[32] Takahashi (2000).

[33] Ibid, p. v,

[34] Knight & Fernandes (2006) e Knight, Fernandes, & Cunha (2007).

[35] Takahashi (2007).

[36] See Coelho (2007) uma abordagem analítica a cidades digitais no Brasil.

[37] http://www.mc.gov.br/inclusao-digital/acoes-e-programas/cidades-digitais. Acessado 09/02/2014.

Capítulo 4

Velocidade, Custo e Qualidade

O Brasil ocupa posições nada desejáveis em vários indicadores de serviços de Internet em comparação aos países ricos e outros não tão ricos. Mas olhando para os BRICS (Brasil, Rússia, Índia, China e África do Sul) e dois dos maiores países latino-americanos (Argentina e México), o Brasil não está fazendo tão mal quando avaliado por meio de índices internacionais respeitados: o Índice de Desenvolvimento de TIC (*ICT Development Index* - IDI) da União Internacional de Telecomunicações (*International Telecommunications Union* – ITU), o sub-índice de acesso à rede do IDI e o Network Readiness Index (NRI) da Fórum Econômico Mundial/INSEAD. Todos esses indicadores medem mais do que o acesso à Internet, e o leitor interessado pode consultar as definições de cada um.[1] Porém, nenhum desses países se aproximam da classificação da Coréia (Tabela 4).

Tabela 4: Comparação da classificação do Brasil e países selecionados em IDI, IDI Componente de Acesso e NRI, 2012

País	IDI	IDA – Acesso	NRI
Brasil	62	67	60
Rússia	40	37	54
Índia	121	122	68
China	78	80	58

País	IDI	IDA – Acesso	NRI
África do Sul	84	85	70
Argentina	53	56	99
México	83	87	63
Coréia do Sul.	1	11	11

Fontes: ITU (2013) para IDI (Tabela 2.2, p. 24)
e IDA Acesso (Tabela 2.6, p. 46), Bilbat-Osorio,
Dutta, & Lavin (2013) para NRI (p. xxi).

No entanto, as redes brasileiras são lentas, caras e pouco confiáveis. Neste capítulo, estas afirmações são documentadas e algumas das razões para este estado de coisas exploradas.

A velocidade de conexão

Usando as estatísticas de Akami sobre a velocidade de conexão com os servidores web, a velocidade média de conexão no Brasil, no terceiro trimestre de 2013, foi de 2,7 Mbps, 75 % da média global, mais baixa do que a da Rússia e a da China, melhor que a da Índia e da África do Sul, um pouco abaixo da Argentina e do México, mas muito abaixo dos 22,1 Mbps da Coréia do Sul. No Brasil, 20% das conexões estavam acima de 4 Mbps, em comparação com 33% para o México, e 93% para a Coréia do Sul. Para as conexões móveis, a velocidade média do Brasil foi de 1,1 Mbps. O percentual de usuários com velocidades de conexão acima de 10 Mbps foi de 0,9% para o Brasil, melhor do que o da Índia (0,3%), mas pior do que o dos outros BRICS e do México, e muito inferior ao da Coréia, com 93% (Tabela 5). Quanto mais rápida for a velocidade, melhor e mais eficaz a utilização da Internet.

Tabela 5: Comparação das velocidades de conexão do
Brasil e países selecionados, 3º Trimestre de 2013

País	Velocidade Média (Mbps)	% Acima de 4 Mbps	% Acima de 10 Mbps
Brasil	2.7	20	0.9
Rússia	7.8	73	24
Índia	1.4	3	0.3
China	2.9	20	1.1
África do Sul	2.3	7.7	1.1
Argentina	2.8	18	0.9
México	3.9	33	1.7
Coréia do Sul	22.1	93	70

Fonte: Akami (2014)

Preços da banda larga fixa e móvel

Embora em queda, os preços ainda são muito elevados. Em estudo recente que compara o custo médio mensal por capacidade de Mbps em 15 países em 2012, o Brasil tinha o segundo maior, com um custo médio de US$ 25, superado apenas pela Argentina (US$ 46). Compare isso, por exemplo, com o Chile (US$ 23), Portugal (US$ 11), Estados Unidos (US$ 3,33), Finlândia (US$ 2,77) e Coréia do Sul (US$ 0,27).[2]

Um estudo de 2013 da ITU comparou os preços para o serviço de banda larga fixo e móvel, em 2012, para todos os países nos quais os dados de preços pudessem ser obtidos. Os preços foram medidos tanto em dólares norte-americanos quanto em percentagens da renda nacional bruta (RNB) mensal per capita, que serve como um indicador de acessibilidade. Para a banda larga fixa, o Brasil foi classificado na 55ª posição, com US$17,80 por uma assinatura de banda larga ao nível de entrada que custou ao usuário 2% da RNB per capita. Para um pacote de dados para celulares pré-pagos com 500 MB/mês incluídos, o preço era US$ 38,5 ou 4% da RNB per capita mensal, o Brasil ficou na 75ª posição entre 126 países (cerca de 80% dos celulares do Brasil são pré-pagos).[3]

As comparações internacionais de preços têm que ser usadas com cautela, uma vez que as velocidades não são necessariamente as contratadas (no Brasil na época dos estudos citados, a largura de banda instantânea real entregue podia ser tão baixa quanto 20% da largura da banda contratada (para ambos *downloads* e *uploads*) ou uma média de 60% da velocidade contratada durante um mês de medições. Além disso, para o serviço de banda larga fixa, o preço usado na pesquisa da ITU era para uma conexão do nível de entrada (a mais barata), cuja velocidade varia consideravelmente entre países. No caso do Brasil, uma conexão deste tipo no âmbito do Programa Nacional de Banda larga (PNBL), explicado detalhadamente no Capítulo 5, é de 1 Mbps. Para as conexões móveis, os preços reais pagos no Brasil podem ser menores do que os usados na pesquisa, já que muitos clientes usam telefones com dois ou mais cartões SIM para aproveitar os preços mais baratos para chamadas dentro da propria rede da operadora. Dito isto, os preços médios pagos pelos brasileiros ainda são altos.

O alto custo dos serviços de telecomunicações no Brasil é influenciado por três fatores: a tributação excessiva, as altas taxas de interconexão e as regulamentações sobre conteúdo nacional. Os preços muito altos para a locação da capacidade de transmissão para provedores que não possuam a sua própria infraestrutura contribuem para esse alto preço.

Tributação excessiva

O setor de telecomunicações tem a maior carga tributária de qualquer setor. Em dez estados e no Distrito Federal, o ICMS (Imposto sobre Circulação de Mercadorias e Prestação de Serviços) por si só é de 25% do preço bruto, em outros chega até o 35% praticado em Rondônia. A maioria dos impostos é calculada sobre a receita bruta, por exemplo, para as contas de telefone, a receita bruta inclui os impostos. Para os estados com um ICMS de 25%, os principais tributos (Cofins, PIS / PASEP, ICMS, Fust e Funttel) totalizam 30% do total da conta, mas se forem calculados como taxas sobre a conta líquida destes impostos, passa a ser de 43%. E em estados com alíquotas maiores de ICMS, a carga tributária total sobre a receita líquida é ainda maior, chegando a um máximo de 49%, em Rondônia.[4]

Além desses tributos, há taxas para a obtenção de um novo número de celular (TFI, R$26,83) e uma taxa anual de manutenção (TFF, R$13,42). Uma vez que cerca de 80% dos celulares usam o sistema pré-pago, e estes celulares são usados em grande maioria pelos mais pobres, estes tributos são extremamente regressivos. Adicione isso ao custo unitário muito maior dos planos de dados de "baixo custo", e a regressividade se torna ainda maior. Considere, ainda, que não somente o custo unitário dos pacotes de dados é menor para planos de dados maiores, mas o custo de qualquer smartphone comprado como parte de um contrato com uma operadora diminui quanto maior for o tamanho do pacote de dados adquirido, o que é uma outra característica regressiva.

Impostos e taxas adicionais são aplicados aos operadores de telecomunicações também, mas não são exclusivos do setor de telecomunicações. A receita de impostos sobre os serviços de telecomunicações, em 2012, totalizou cerca de R$ 59,2 bilhões, dos quais R$ 7,4 bilhões eram para o Fust, Fistel e Funttel e R$51.8 bilhões provenientes dos impostos acima mencionados, além de outros impostos cobrados indiretamente sobre gastos de capital no montante de R$ 25,3 bilhões, resultando num lucro líquido de R$ 10,9 bilhões. Os impostos e os fundos foram responsáveis por 30,8 % da receita operacional e dividendos aos acionistas por 4,8%.[5] A questão tributária é tratada também no Capítulo 5.

Altas taxas de interconexão

As taxas cobradas quando as chamadas são transferidas entre diferentes operadoras e entre linhas fixas e telefones celulares são muito elevadas. Estas altas taxas entre operadoras levam ao uso de telefones celulares com dois ou mais cartões SIM, que geralmente são mais caros. Outro efeito das altas taxas de interconexão é que elas incentivam o uso de planos pré-pagos para celulares. De fato, 78% das linhas de telefonia móvel usavam o sistema pré-pago, em janeiro de 2014. Para estes, os preços cobrados por minuto são exorbitantes, embora estes custos possam ser mitigados fazendo chamadas dentro da própria rede de uma determinada operadora. Chamadas dentro da rede são muito mais baratas, uma vez que as operadoras não têm de pagar taxas de interconexão. Isso levou muitos usuários a ter vários telefones celulares, ou a utilizar aparatos que podem usar vários cartões SIM.

Muitos telefones com planos pré-pagos são usados por clientes mais pobres só para receber chamadas, uma vez que no Brasil quem chama paga. Como as taxas de interconexão são mais elevadas do que o preço por minuto das chamadas a partir dos planos pré-pagos, o usuário de plano pré-pago, que nunca faça chamadas, mas receba chamadas interligadas, torna-se mais lucrativo para os operadores do que um cliente usando um plano pós-pago. As taxas de transferência interoperadoras estão sendo reduzidas pela Anatel em dois terços, entre 2012 e 2015, como parte do Plano Geral de Metas de Competição (PGMC)[6], tratado no Capítulo 5. Até então, as tarifas de interconexão no Brasil ainda estarão entre as mais altas do mundo.

Requerimentos de conteúdo nacional para produção e uso de tecnologias

Os preços dos computadores, equipamentos de telecomunicações, smartphones e novas redes de fibra óptica estão inflados devido aos requisitos de conteúdo nacional – inclusive aqueles recentemente aplicados para a concessão de isenções de alguns impostos federais, como discutido no Capítulo 5. Além disso, quando as agências governamentais, inclusive empresas estatais, como a Telebras, fazem compras, os licitantes que venderem produtos no mercado interno estão autorizados a ter preços 15% mais altos do que os bens importados e, se a tecnologia nacional for utilizada, a preferência sobe para 25%.[7] Tais requisitos, destinados a promover o desenvolvimento da indústria dos equipamentos do Brasil, também tendem a aumentar o custo e, geralmente, diminuem a qualidade dos equipamentos para os usuários, embora estimativas confiáveis destes custos não estejam disponíveis. As medidas adotadas em 2013 tentam reduzir custos através da redução de impostos para novos projetos de rede de banda larga (ver Capítulo 5).

Qualidade de serviços

Além de ser caro e lento, o custo de telecomunicações ao cliente brasileiro para serviços de telecomunicações inspira muitas queixas. Serviços de telefonia e de dados são propensos a quedas de chamadas. A situação ficou tão ruim que, em julho de 2012, a Anatel suspendeu a venda de cartões SIM da TIM em 19 estados, da Oi em cinco e da Claro em três, obrigando estas empresas a apresentarem, estado por estado, planos detalhados de melhorias de serviços, com especial atenção às ligações interrompidas e ao atendimento do cliente. Em setembro de 2012, a Anatel aceitou os planos e liberou a venda de novas linhas. Os outros provedores – Vivo, SBTC e Sercomtel – também foram obrigados a apresentar planos de melhoria. A Anatel monitora o cumprimento desses planos trimestralmente, através de uma série de métricas, inclusive vários indicadores de desempenho de rede, atendimento ao cliente, conexões móveis caídas e investimentos no âmbito de um plano de três anos.

Vendas de aparelhos móveis

Apesar do custo e dos problemas de qualidade, a cobertura de banda larga sem fio vem crescendo rapidamente, como é mostrado no Capítulo 3. As vendas de smartphones e de tablets explodiram. Somente nos três primeiros trimestres de 2013, 24,1 milhões de smartphones foram vendidos no Brasil, um aumento de 117% em relação ao mesmo período, em 2012.[8] Além disso, 7,9 milhões de tablets foram vendidos em 2013, um aumento de 142 % em relação a 2012.

Os smartphones e os tablets são, na verdade, computadores de mão que podem acessar a web e também fazer vídeo e áudio conferências e chat de texto grátis, através de conexões sem fio à Internet. Com a rápida queda nos preços para smartphones e tablets que usam o sistema Android, do Google, eles têm, de fato, se tornando acessíveis à classe média baixa (Classe C, na linguagem brasileira de marketing) e aos aos mais pobres (classes D e E), para os modelos com preços mais baixos.

Capítulo 4: Velocidade, Custo e Qualidade

1   ITU (2013) e Bilbat-Osorio, Dutta, & Lavin (2013).

2   http://economia.uol.com.br/noticias/
redacao/2013/05/14/banda-larga-no-brasil-e-a-2-
mais-cara-entre-15-paises-diz-pesquisa.htm. Acessado
02/02/2014. Este artigo é baseado numa pesquisa de Samy
Dana e Victor Candido.

3   ITU (2013), Tabelas 3.2 e 3.1, pp 82 e100, respectivamente.
Acessado 02/02/2014.

4   http://www.teleco.com.br/tributos.asp.   Acessado
02/02/2014.

5   Telebrasil (2013), p. 64.

6   Veja Mattos (2014) para uma análise detalhada e atualizada
das tarifas de interconexão e políticas recentes da Anatel
para mitigar este problema.

7   http://www.telesintese.com.br/index.php/
plantao/25382-regulamentada-o-uso-da-margem-de-
preferencia-nas-compras-publicas-de-tics.   Acessado
14/02/2014.

8   http://www.emarketer.com/Article/Cheaper-Devices-
Boost-Tablet-Sales-Brazil/1010487. Acessado 02/02/2014.

Capítulo 5

O Que Está Sendo Feito para Melhorar a Conectividade à Internet?

A falta de uma estratégia nacional holística para promover a eTransformação que se estenda por todos os setores do governo e da economia, assim como a prioridade ainda insuficiente nas políticas e nos investimentos públicos são problemas sérios. Eles têm dificultado o desenvolvimento de aplicações que requerem conectividade rápida e confiável e taxas mais altas de penetração pela Internet, para entregar melhores serviços públicos, ajudar a reduzir desigualdades de renda, fazer acelerar o crescimento econômico e melhorar a competitividade do país na economia global. Analisando, porém, o provimento de serviço Internet nos últimos anos, constata-se que progressos consideráveis foram obtidos na melhoria da infraestrutura de redes e de serviço Internet, tanto o fixo quanto o móvel. Este capítulo analisa o que foi realizado para alcançar tais objetivos.

O Programa Nacional de Banda Larga

A primeira tentativa séria para implementar uma política e um programa nacional de banda larga, além daquela da Internet acadêmica gerida pela RNP, desde 1999 chamada Rede Nacional de Ensino e Pesquisa, foi o PNBL promulgado pelo Decreto Presidencial 7.175 de 12 de maio de 2010. Os objetivos do PNBL, de acordo com Art. 1º desta lei é "de fomentar e difundir o uso e o fornecimento de bens e serviços de tecnologias de informação e comunicação, de modo a:

I – massificar o acesso a serviços de conexão à Internet em banda larga;

II – acelerar o desenvolvimento econômico e social;

III – promover a inclusão digital;

IV – reduzir as desigualdades social e regional;

V – promover a geração de emprego e renda;

VI – ampliar os serviços de Governo Eletrônico e facilitar aos cidadãos o uso dos serviços do Estado;

VII – promover a capacitação da população para o uso das tecnologias de informação; e

VIII – aumentar a autonomia tecnológica e a competitividade brasileiras."[1]

Um dos principais instrumentos para a execução do PNBL é a Telebras, a empresa federal de telecomunicações que estava desativada desde a privatização das empresas de telefonia estatais em 1998, e está sob supervisão do MC. Em 2010, a Telebras foi ressuscitada com esta finalidade. As grandes empresas de telecomunicações privadas se opuseram à retomada da Telebras. Seus representantes argumentaram que uma melhor política seria a redução da carga tributária do setor para expandir a demanda do mercado. Poderia ser adotado também o modelo do Chile e outros países, com a realização de leilões, onde a vencedora seria a empresa que aceitasse o menor subsídio para alcançar os objetivos de cobertura que a concorrência normal de mercado não atingiria. Esses subsídios poderiam ser financiados, pelo menos em parte, pelo Fust.

O governo federal preferiu usar a Telebrás para ajudar a derrubar os preços. Também usou a redução de alguns impostos para este fim, porém sempre encontrando resistência no Ministério da Fazenda. Outra forma adotada para alcançar as metas de cobertura foi exigir que os licitantes, em leilões de espectro para telefonia sem fio, cumprissem metas de cobertura, política que reduziu as receitas dos leilões, porque as operadoras reduziram o valor de seus lances para arcar com estas obrigações em conta.

Depois do lançamento do PNBL, os governos federal, estaduais e municipais, assim como a Telebras, vêm dando maior prioridade à expansão das suas redes. A Agência Nacional de Energia Elétrica (Aneel), órgão regulador, tem um papel fundamental orientando as empresas geradoras e distribuidoras de energia elétrica. As grandes empresas do sistema Eletrobras têm extensas redes de fibras ópticas, contidas dentro de cabos terra pendurados de torres de transmissão de energia, uma tecnologia conhecida como *Optical Ground Wire* (OPGW). Estas fibras ópticas são frequentemente utilizadas para fins de controle de operação da linha de transmissão. Mas já que muito pouca capacidade é necessária para este fim, estes cabos também contêm fibras apagadas (escuras) que podem ser arrendadas para operadoras de telecomunicações, inclusive a RNP.

Empresas estaduais de distribuição têm linhas de alta tensão similares, além de linhas de baixa tensão penduradas em postes que também podem levar cabos de fibra óptica. A fibra óptica pode ser aproveitada para desenvolver uma rede inteligente (*smart grid*) e melhorar a eficiência no uso de energia elétrica. Mas estes cabos também podem ter fibras apagadas suficientes para arrendê-las a uma ou mais empresas de telecomunicações. Ou estas empresas poderiam instalar os cabos e alugar a capacidade ociosa à empresa de energia e/ou a outras empresas de telecomunicações.

As operadoras de telecomunicações de pequeno e médio porte vêm pressionando a Anatel para aprovar uma resolução aprovada pela Aneel, em agosto de 2013, que definiu regras para o aluguel de espaço nesses postes, regras que resultariam em aluguéis mais baixos. Nesse meio tempo, a Telebras contratou o uso de postes a preços bem acima dos propostos pela resolução da Aneel.[2] Este é outro exemplo de políticas sectoriais sem coordenação.

Apesar de ter recebido consideravelmente menos recursos de investimento do que anunciado em várias ocasiões por funcionários do governo federal (o que pode ser considerado mais um sinal da baixa prioridade do PNBL) a Telebras, pouco a pouco, estabeleceu uma rede nacional de cabos de fibra óptica, principalmente através de parcerias público-público e público-privadas que envolvem o arrendamento ou troca de fibras apagadas existentes.

Em 2011, a Telebras estabeleceu contratos de aluguel de longo prazo para uso de fibra de cerca de 16.000 quilômetros de fibra nas linhas OPGW, agora controladas pela Eletrobras.[3] A Telebras também arrendou cerca de 2.200 quilômetros de fibra da Petrobras. Outros 2.200 quilômetros foram permutadas com uma operadora privada, a TIM, em 2013. E, em março de 2014, a Telebras fechou um acordo com a Eletrosul, previsto no acordo de agosto de 2013, para aumentar a velocidade (de 80 Gbps para 1.600 Gbps) de um trecho de 1.600 quilômetros, visando seu uso para transmitir imagens de alta definição dos jogos da Copa do Mundo de 2014 a serem disputados nas cidades-sede de Porto Alegre (RS) e Curitiba (PR). A rede própria e de swap da Eletrosul – seu *backbone* – possui 10,2 mil quilômetros de fibras ópticas em cabos OPGW, ADSS (cabo óptico auto-sustentado) e dielétricos.[4]

Estes acordos permitiram a expansão de linhas-tronco da Telebras em anéis que fornecem enlaces redundantes em caso de falha em qualquer ponto do sistema. Da mesma forma a Telebras obteve permutas de fibra apagada nas redes metropolitanas da RNP por capacidade na forma de comprimentos de onda na sua própria rede *backbone.*[5]

A Telebras também vem investindo em seus próprios cabos de fibra óptica para fornecer links redundantes de alta capacidade para as seis cidades onde foram jogadas as partidas de futebol da Copa das Confederações em 2013, bem como para as demais 6 cidades que sediariam os jogos da Copa do Mundo em 2014. A Figura 5 mostra a rede Telebrás para 2014, como era prevista em 2012.

Figura 5: A Rede de *Backbone* da Telebras
Prevista para 2014 em 2012

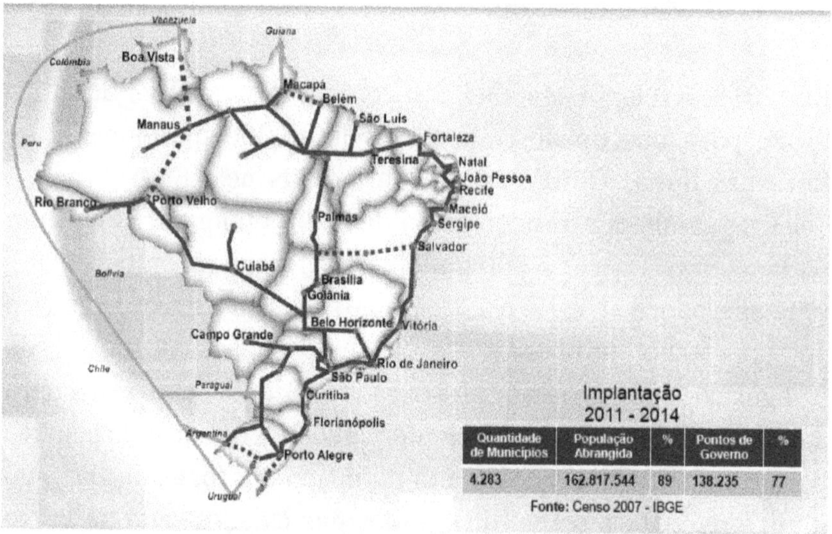

Quantidade de Municípios	População Abrangida	%	Pontos de Governo	%
4.283	162.817.544	89	138.235	77

Fonte: Apresentação de Caio Bonilha na
Futurecom, 10 de outubro de 2012

Empresas privadas de telecomunicações complementam a Telebras na implementação do PNBL. Os provedores de serviço Internet (PSIs) que oferecem acesso de pelo menos 1 Mbps aos seus clientes, aos preços do PNBL – R$35 (US$15) ou R$29 (US$12) nos estados que eliminaram o ICMS sobre as assinaturas – qualificam-se, assim, para adquirir capacidade por atacado arrendada pela Telebras a preços abaixo do mercado.

Pequenos e médios PSIs e as grandes operadoras de telecomunicações – como Oi, Telefônica, Embratel, TIM e Algar Telecom – oferecem os pacotes PNBL, e, em alguns casos, se beneficiam das isenções de impostos estaduais. Os provedores estão descobrindo que muitos clientes no esquema do PNBL logo querem conexões mais caras e de maior capacidade. Desta forma, o PNBL está abrindo novos mercados para os provedores privados.

O crescimento da rede da Telebras aumentou a concorrência e, assim, resultou em preços mais baixos sendo oferecidos por provedores privados. A Telebras informa que ainda não cortou os preços por atacado tanto quanto poderia, mas ainda recupera seus custos, para não excluir deste mercado os provedores privados, que são necessários para o cumprimento das metas de disseminação da Internet. Assim o governo federal incentiva os provedores privados a estender a inclusão digital às populações em mercados carentes. Com a adoção voluntária dos preços PNBL, até o final de 2012, o número de conexões básicas de 1 Mbps sob o PNBL havia atingido 2,5 milhões (13% de todas as conexões de banda larga fixa) em 2.850 municípios.[6]

A Telebras também está investindo em um satélite geoestacionário brasileiro que forneceria comunicações na banda X para uso militar e na banda Ka para comunicações civis cobrindo todo o território do Brasil. O satélite está previsto para ser lançado no final de 2015. A Telebras também tem planos para cabos submarinos de fibra óptica para a África, Europa e Estados Unidos, visando reduzir os custos de conexão à Internet. Não está claro se os recursos financeiros para lançar estes cabos serão obtidos para realizar tais investimentos.

Os pequenos empresários como Adilson Klaffke, de Nova Guarita, em Mato Grosso, foram muitas vezes os primeiros a fornecer o serviço da Internet para as comunidades remotas. O número dessas empresas dobrou nos últimos dois anos, como resultado do PNBL e dos procedimentos simplificados e taxas mais baratas para a aquisição junto à Anatel das licenças de Serviço de Comunicação Multimídia (SCM).

A expansão das conexões de alta capacidade tem sido estimulada pelo crescimento da demanda para o acesso à Internet pela emergente classe média. Este grupo fornece apoio eleitoral para o governo, mas também é cortejado pelos partidos da oposição. Esses novos consumidores estão comprando smartphones, tablets e laptops (incentivados pelas isenções de impostos sobre a produção destes produtos como discutido abaixo) e querem conexões de banda larga.

A expansão da RNP: os programas Redecomep e Veredas Novas

Desde seus primeiros dias, a RNP ampliou seu alcance e velocidade. A rede de *backbone* atual, chamada Rede Ipê, é extensa e continua a crescer. Desde 1999, mantem pontos de presença (POPs) em todos os 26 estados e no Distrito Federal. No início de 2014, os POPs de 15 estados e do Distrito Federal tinham conexões de 10 Gbps, e 8 dos 11 restantes de 3 Mbps. A RNP também tinha ligações diretas com redes acadêmicas em 3 outros países do Mercosul, com a Rede CLARA na América Latina, com a Internet2 nos Estados Unidos e com a Géant na Europa, e por meio destas com as demais redes acadêmicas no mundo bem como com a Internet (commercial) global (Figura 6).

Figura 6: A Rede *Backbone* da RNP em dezembro de 2013

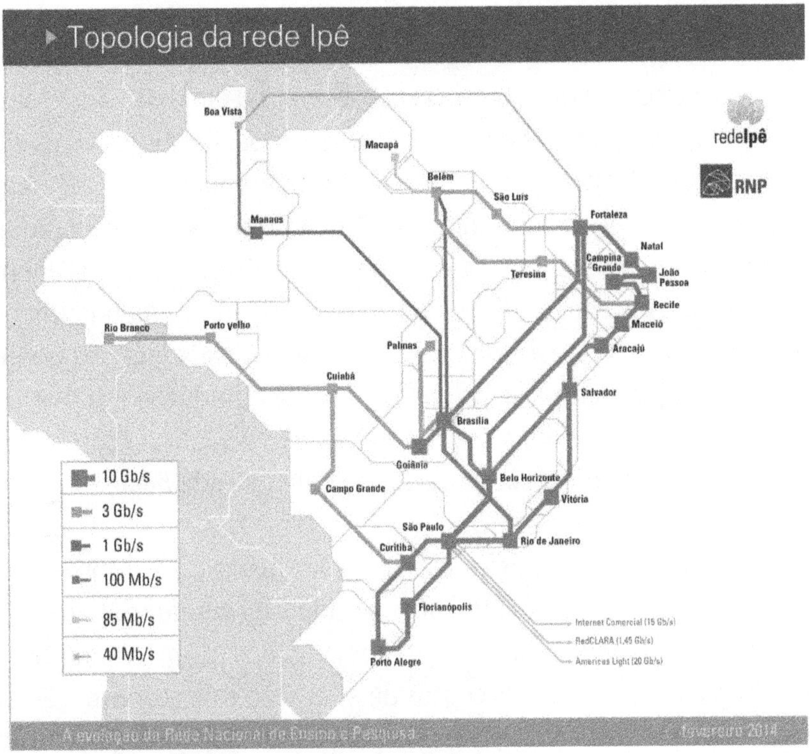

Fonte: RNP

Em 2005, a RNP iniciou um novo programa de construção de redes metropolitanas de fibra óptica, nas principais cidades do Brasil, em associação com uma variedade de parceiros locais, incluindo as instituições de ensino e pesquisa atendidas e, normalmente, os governos municipal e estadual. Este programa se chama Redes Comunitárias de Ensino e Pesquisa (Redecomep) e até abril de 2014 tinha 24 redes comunitárias em operação e outras 17 em construção.

O Ministério da Ciência, Tecnologia e Inovação (MCTI) financia os cabos ópticos e a sua instalação, bem como os equipamentos de rede que servem as instituições acadêmicas e as de pesquisa atendidas. Já que o número de pares de fibra nestes cabos é muito maior do que o necessário para atender apenas essas instituições, a RNP pode ceder o uso das fibras excedentes para outros parceiros, especialmente os governos municipal e estadual, ou em permuta por outra infraestrutura de fibras, ou em troca do direito de passagem da infraestrutura destas fibras, ou de serviços de manutenção desta infraestrutura. Possíveis parceiros incluem empresas operadoras de metrôs, linhas ferroviárias e estradas de pedágio urbanas, que podem oferecer direitos de passagem e/ou dutos em troca da futura utilização de algumas das fibras instaladas. As emp*resas di*stribuidoras de energia elétrica ou de iluminação pública podem fornecer postes ou dutos em que os cabos sejam acomodados e operadoras de telecomunicações, p.ex. Telebras, podem oferecer capacidade em sua rede *backbone*.

Esses parceiros são responsáveis por investir seus próprios recursos na iluminação das fibras cedidas, no roteamento de seu tráfego, nas extensões da rede para servir seus próprios clientes e no compartilhamento dos custos de operação e de manutenção. A vantagem que estes parceiros ganham é uma capacidade de rede geralmente de menor custo do que a disponível em operadores comerciais. Para a RNP, além de fornecer conectividade para as instituições de ensino e pesquisa, as parcerias podem abranger a maioria, se não todos os custos de operação e manutenção das redes metropolitanas, tornando-as financeiramente sustentáveis.

O mais novo programa da RNP é chamado Veredas Novas. É um programa conjunto com o MCTI, o MC, o Ministério da Educação e a Telebras. Seu objetivo é fornecer conexões de fibra para as instituições de pesquisa e educacionais, no interior dos estados, além de promover a inclusão digital da população ainda não atendida na vizinhança dessas instituições. Em cada cidade do Veredas Novas, a RNP está estabelecendo um ponto de acesso local, com conexões de rádio e, eventualmente, de fibra para PSIs que concordem em oferecer serviços de Internet de pelo menos

1 Mbps a preços do PNBL. Esses PSIs também podem oferecer conexões mais rápidas a preços de mercado.

Os objetivos do programa, conforme estabelecidos em 2012, eram chegar a 250 locais com 335 instituições, até o final de 2014 (Figura 7). As velocidades mínimas para as sedes das instituições devem ser de 1 Gbps e, para as filiais, de 100 Mbps.[7]

Figura 7: O Programa Veredas Novas
Expande a Rede *Backbone* da RNP

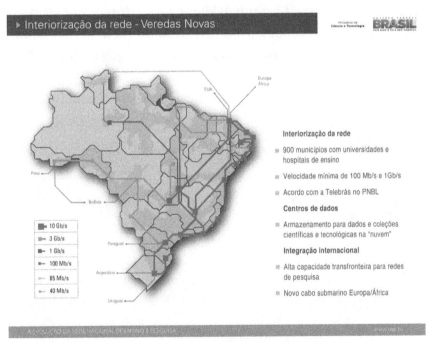

Fonte: RNP

Redes estaduais de fibra óptica e sem fio

Para obter um serviço de banda larga mais barato, vários governos estaduais estão construindo suas próprias redes de fibra óptica, fora das capitais. Os líderes são Pará e Ceará.

O Programa Navegapará, do Pará, vai além da rede Metrobel de Belém construída pela RNP (Redecomep) e posteriormente ampliada pela empresa de TIC do estado, a Prodepa. Em 2013 o Navegapará, aproveitando esta rede *backbone* e algumas extensões sem fio, atingiu 62 dos 144 municípios do Pará, com cerca de 1.200 km de cabos de fibra (Figura 8), utilizando parcerias com a principal empresa distribuidora de energia elétrica no estado (Celpa) e a Eletronorte (empresa do grupo Eletrobras). A rede de fibra da Navegapará está sendo ainda mais ampliada. Esta infraestrutura foi complementada em 2014 pela entrega de redes metropolitanas nas cidades da Altamira, Castanhal, Marabá e Santarém, construídas pelo programa Redecomep da RNP usando recursos do Fundo Nacional de Desenvolvimento Científico e Tecnológico (FNDCT).

Figura 8: Rede de Fibra Óptica do Navegapará em 2012

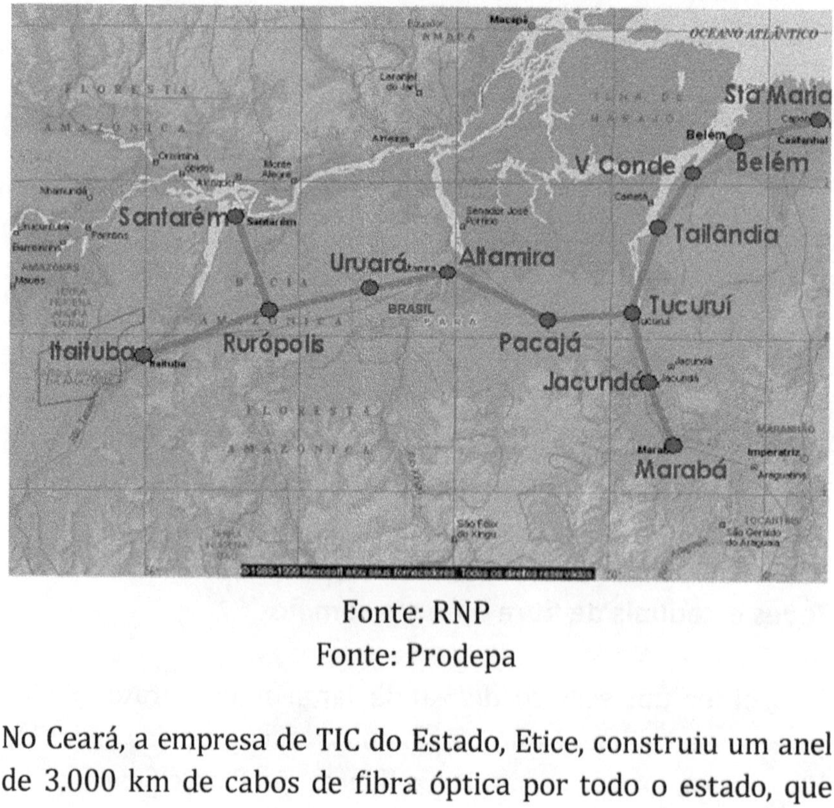

Fonte: RNP
Fonte: Prodepa

No Ceará, a empresa de TIC do Estado, Etice, construiu um anel de 3.000 km de cabos de fibra óptica por todo o estado, que com extensões tanto de fibra quanto de rádio, alcança 88% da população do estado. Chamado de Cinturão Digital do Ceará (CDC), seu núcleo é Gigafor, construída pelo programa Redecomep da RNP em Fortaleza. Em vários pontos ao longo de sua rede *backbone* de fibra existem torres de rádio a partir das quais os municípios que não estão na rota do CDC podem ser alcançados através de ligações sem fio, permitindo que se comuniquem com o governo do Estado e de outros municípios (Figura 9). Em março de 2014, a Etice tinha dois parceiros no CDC: a RNP e a empresa de energia do Estado, Coelce. Há planos para expandir o CDC objetivando alcançar mais pontos interiores no estado, via contratos a serem assinados com futuros parceiros do setor privado e com o Veredas Novas, da RNP.

Figura 9: Cinturão Digital do Ceará

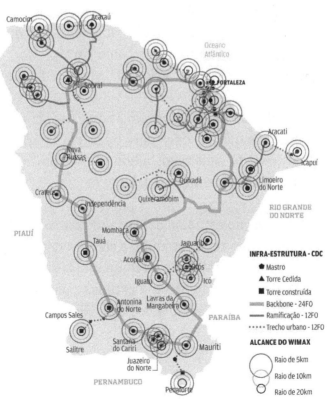

Fonte: Etice

Uma característica fundamental dessas redes estaduais em crescimento é a formação de parcerias entre a RNP, as empresas de energia elétrica, os governos municipais e, mais recentemente, a Telebras.

Entre as características das melhores redes estaduais e municipais estão:

- o estado ou município tira vantagem das fibras apagadas a ele alocadas na Redecomep da capital do estado;
- parcerias são estabelecidas com a RNP, municípios, empresas públicas federais e estaduais e com a Telebras para estender o alcance da rede e compartilhar os custos de operação e manutenção;
- redes complementares de fibra e sem fio são construídas para preencher lacunas na cobertura e proporcionar capilaridade (urbana, assim como rural);
- a manutenção e a operação são terceirizadas a empresas privadas; e
- os estados ou municípios tem a opção de arrendar fibras apagadas em suas redes para operadoras privadas para gerar receita adicional, ajudando a cobrir os custos operacionais e de manutenção.

No Paraná, o governo estadual está usando outro caminho para a construção de uma rede estadual: a compra de capacidade da Copel Telecom, uma subsidiária da companhia estatal de energia elétrica. A Copel Telecom tem uma extensa rede de fibra óptica iniciada em 2010 que, até o final de 2012, chegou a todos os 399 municípios do estado.

Reforma tributária

Tributos pesados, embora fáceis de coletar, são regressivos e, ademais, são contrários à meta de inclusão digital do governo. Eles podem ter feito algum sentido no passado, quando o serviço telefônico era limitado a pessoas físicas de alta renda e a empresas. Naquela época. as empresas de telecomunicações eram monopólios, o que tornava fácil a tarefa de arredaca. Mas hoje o serviço de telefonia móvel ou fixa é quase universal, pelo menos nas áreas urbanas, e os impostos são muito mais fáceis de coletar, com notas fiscais eletrônicas obrigatórias em grande parte do país.

A enorme carga tributária imposta aos serviços de telecomunicações vai contra qualquer lógica econômica. Em primeiro lugar, a tributação de um setor altamente estratégico para a competitividade do Brasil na economia global cada vez mais baseada no conhecimento, coloca o Brasil em desvantagem. Em segundo lugar, este excesso de tributação é totalmente contrário aos objetivos de inclusão digital dos governos federal, estaduais e municipais. Ainda mais, esta tributação é altamente regressiva. Em terceiro lugar, pode-se demonstrar que a elasticidade-preço da demanda é positiva, alta e em muitos casos pode ser maior do que um, para os serviços de telecomunicações e os equipamentos necessários para seu uso, pelo menos para indivíduos de renda baixa ou média e a maioria das empresas. Isto significa que uma queda de um por cento nos preços para os consumidores resultaria em mais do que um aumento de um por cento na demanda, abrindo a possibilidade de que a redução das alíquotas dos tributos poderia aumentar a receita fiscal, ou pelo menos resultaria numa queda percentual consideravelmente menor do que a porcentual de redução dos impostos.

Resumindo, esta pesada tributação das telecomunicações reduz o potencial das TIC para diminuir a desigualdade e acelerar o desenvolvimento econômico. Reduzir esse excesso de tributação das telecomunicações deveria ser uma prioridade urgente. Porém, até 2013, tentativas para a diminunição desta carga tributária tiveram só um sucesso limitado.

O MC analisou três estudos realizados ao longo do período 2008-2010 que sustentam esta hipótese quanto à elasticidade-preço da demanda, e, em 2012, fez suas próprias estimativas, baseadas em dados de 2011 da pesquisa domiciliar do CETIC.br.[8] As estimativas variaram de 1,0 a 3,36, com o próprio estudo do MC estimando um valor de 1,4. O MC, então, propôs que os quatro tributos federais sobre serviços de banda larga (PIS, Cofins, Fust e Funttel) fossem reduzidos a zero e que as alíquotas de ICMS dos estados fossem reduzidas de uma média de 26,7% para chegar a uma taxa uniforme de 10%. Essas reduções resultariam em uma queda de 24% no preços, supondo-se que todas as reduções fossem repassadas aos consumidores.

Se essas desonerações tivessem sido postas em prática em 2012, o MC calculou, usando uma estimativa conservadora de -1,5 para a elasticidade-preço da demanda, que cerca de 12 milhões de conexões de banda larga adicionais seriam compradas até 2016. Isto resultaria numa perda de receita do ICMS de apenas 1,7%, nesse mesmo ano. Esta estimativa não leva em consideração o aumento do crescimento econômico que iria acompanhar o aumento da utilização da banda larga.[9] Conforme estudos feitos pelo Banco Mundial, um aumento de 10 % na penetração da banda larga nos países em desenvolvimento está associado a um aumento de 1,4 % pontos percentuais na taxa de crescimento per capita do rendimento nacional bruto.[10] Se o aumento da taxa de crescimento tivesse sido incluído na estimativa do MC, as reduções de impostos levariam a um aumento nas receitas do ICMS nos estados.

Infelizmente, a proposta do MC não foi aceita. Os impostos federais não foram reduzidos e alguns estados ainda aumentaram a alíquota do ICMS. Poucos estados eliminaram o ICMS para assinaturas de um serviço básico de 1 Mbps do PNBL. Parece que o Ministério da Fazenda e as secretarias estaduais de fazenda não acreditaram nos cálculos do MC.

No plano legislativo, em 2007, um Projeto de Lei (PL 1481/07), permitindo que as receitas do Fust fossem usadas para expandir a cobertura de banda larga, foi apresentado na Câmara dos Deputados. Apesar das inúmeras emendas, ajustes e audiências públicas, até fevereiro de 2014, o PL 1481/2007 ainda estava para ser votado, supostamente devido à oposição do Ministério da Fazenda. Esse Ministério continuava a usar as receitas substanciais deste imposto de 1% sobre os serviços de telecomunicações, inclusive conectividade à Internet, para financiar os juros da dívida pública federal. Para aqueles que preferem que estes recursos sejam usados para acelerar a inclusão digital dos ainda excluídos, o Fust é chamado de "Frust" (lembrando frustração).

Políticas e regulamentos

A partir de 2008, mas especialmente desde o lançamento do PNBL e a transferência da responsabilidade pela sua implementação ao MC em 2011, reformas políticas significativas e novas regulamentações têm sido feitas que tendem a melhorar a cobertura, o custo e a qualidade da conexão à Internet.

O programa Banda Larga nas Escolas

Para a educação primária e secundária, a partir de 2008, as operadoras de telecomunicações foram obrigadas a fornecer conexões de banda larga em velocidades crescentes no futuro para todas as escolas públicas urbanas. Isto foi obtido sem praticamente nenhum custo orçamentário pela chamada "troca de obrigações", pela qual, em abril de 2008, as operadoras deixaram de ter a obrigação de fornecer milhares de ultrapassados Postos de Serviços de Telecomunicações, com cabines de telefone público, aparelhos de fax e computadores conectados à Internet. O número de escolas públicas conectadas triplicou para 70.399, em 2013, restando apenas 7% de todas as escolas públicas urbanas sem conexão à Internet.

Conexões Gesac em locais remotos

O MC lançou o programa Governo Eletrônico - Serviço de Apoio ao Cidadão (Gesac), durante o segundo governo do presidente Fernando Henrique Cardoso (1999-2002) e, em seguida, o transformou e o adaptou às políticas das duas administrações do presidente Lula (2003-2010). O Gesac traz conectividade à Internet para telecentros, escolas, postos de saúde, comunidades indígenas, postos militares e outras instituições, muitos das quais em áreas remotas. A grande maioria destas conexões inicialmente eram providas via satélite, e por linhas fixas à medida em que este serviço se tornava disponível. Em outubro de 2013, o número de instalações Gesac foi de 13.379, e deverá chegar a 29.000 em 2014. Cerca de 11.500 novas ligações serão usadas por postos de saúde, sendo financiadas pelo Ministério da Saúde.[11]

Licençiamento das faixas de frequência
de 450 MHz e de 2.5 GHz

As operadoras que participavam em leilões para adquirir espectro na banda de 450 MHz foram obrigadas a oferecer serviços de voz e dados em áreas rurais e regiões remotas. Até o final de 2015, os licitantes vencedores serão obrigados a oferecer esses serviços ao público em geral, dentro de um raio de 30 quilômetros da sede municipal, em todos os municípios. Assim, 91% da população rural será coberta. Também terão que prestar o serviço gratuitamente a todas as escolas públicas nessas áreas, servindo, desse modo, 96% das escolas públicas. Os vencedores foram escolhidos pelo menor preço oferecido para conexões comerciais. Em 2012, a Lei federal 12.715/12 concedeu uma isenção total de impostos federais para os serviços de telecomunicações oferecidos nesta faixa de frequências, e para as pequenas antenas de satélite usadas, assim como para equipamentos de rede, terminais e transceptores utilizados nesses serviços.

Para a faixa de 2,5 GHz, os vencedores do leilão realizado em junho de 2012 foram obrigados a cumprir uma série de normas de cobertura e de qualidade. Eles tiveram que disponibilizar o serviço móvel de 4G nas seis cidades da Copa das Confederações, até abril de 2013, o que foi feito. A cobertura de 4G nas 12 cidades dos jogos da Copa do Mundo tinha que estar pronta até abril de 2014. Esta meta já tinha sido alcançada em fevereiro de 2014. A cobertura deve ser estendida a todos os municípios de mais de 500.000 habitantes até o final de 2015, a todos os municípios de 30 mil ou mais, em 2016, a 30% dos municípios com menos de 30 mil, até o final de 2017, a 60% até o final de 2018 e a 100 % destes municípios pequenos, até o final de 2019.

O conteúdo nacional para equipamentos 3G e 4G deverá ser de 50% do valor do Processo Produtivo Básico (PPB), em 2012-2014, elevando-se para 70% em 2017-2022. A tecnologia desenvolvida no Brasil deve representar 10% do valor PPB em 2012-2014 e aumentar para 20%, em 2017-2022.

Antenas para serviços móveis de voz e dados

O cumprimento das ambiciosas metas federais para a cobertura móvel é dificultado pelo sistema caótico de licenciamento de antenas em áreas urbanas. O licenciamento de uma pequena antena, apenas visível, requer que se satisfaçam as mesmas exigências estritas de uma antena grande, que poderia ter um impacto visual não desejado. O licenciamento está sujeito a 250 leis diferentes nos diversos municípios. As operadoras se queixam de que uma das razões para o serviço móvel de má qualidade é a explosão da demanda, enquanto o licenciamento de novas antenas é um processo complexo e lento. Em alguns municípios o licenciamento exige a aprovação por sete agências diferentes e pode levar até 18 meses para a conclusão do processo. O Ministro das Comunicações, Paulo Bernardo, acha que é possível cortar esse tempo para 60 dias. Além disso, usando a faixa de 2,5 GHz requer quatro vezes mais antenas para cobrir uma determinada área do que seria necessária usando a faixa de 700 MHz, que só será liberada quando a transição para a transmissão de TV digital for concluída, em 2016.

Durante as discussões na conferência Rio Wireless em junho de 2013, a Anatel e o MC concordaram com as operadoras quanto a este assunto. Porém as autoridades municipais tivessem repetidamente exigido antenas menos conspícuas como as utilizadas em grandes cidades no exterior, como Londres, Nova York e Paris. As novas tecnologias, que aproveitam mini-antenas quase imperceptíveis e antenas de micro-células (femtocells) para preencher os espaços ao redor de antenas mais modernas e mais espaçadas, que são também menores, podem facilitar esse processo.

Para lidar com este problema, um projeto de Lei Geral das Antenas (PL 5013/13), aprovado no Senado em dezembro de 2012, foi encaminhado à Câmara. O PL 5013/13 garante às operadoras de telefonia licença automática para instalação de antenas e infraestrutura, caso as prefeituras, que são responsáveis pela autorização, não apresentem decisão em até 60 dias contados a partir da data do requerimento. Até abril de 2014, o PL 5013/13 ainda tramitava na Câmara dos Deputados.

O MC, apoiado pelo Sinditelebrasil, o lobby das grandes operadoras, está pressionando para a sua aprovação, com urgência, uma vez que se aproximem os os jogos da Copa, a começar em junho de 1914, e os Jogos Olímpicos de Verão, que terão lugar no Rio de Janeiro em 2016. Enquanto isso, no Paraná, 76 municípios alteraram sua legislação ou aprovaram novas leis, em colaboração com as operadoras. Todos os 322 municípios do Paraná, exceto dois, estão modificando sua legislação, estão em vias de fazê-lo, ou começaram estudos sobre o assunto.[12]

Parte da faixa de 700 MHz poderia ser liberada através da antecipação da data do final das transmissões analógicas quando apenas sinais digitais serão permitidos. A TV Digital precisa de menos espectro e isto permitiria leiloar, para 4G, parte do espectro liberado. Porém, as principais emissoras de TV se opõem a esta medida. Alegam que os sinais 4G podem afetar a qualidade das transmissões de TV.

Os regulamentos que regem os preços da largura de banda por atacado

O MC espera que uma redução de 30% nos preços médios praticados para as vendas de largura de banda entre as operadoras será alcançada por novas regulamentações introduzidas pela Anatel em 2013. Estas regulamentações governam dois tipos de vendas: "padrão", que é mais barato, porque a infraestrutura necessária já está disponível, e "especial", que é mais caro, porque a infraestrutura necessária precisa ser construída. Anteriormente, a vaga definição de "especial" permitiu que as operadoras cobrassem preços que tanto seus clientes quanto a Anatel consideraram excessivos. Com as novas regulamentações há definições mais claras e cronogramas rígidos para a assinatura de contratos no atacado, além de novos incentivos para os investimentos em redes de fibra óptica, como se discute abaixo.

Os regulamentos que regem a qualidade do serviço de banda larga

A partir de novembro de 2012, os provedores de banda larga fixa foram obrigados a entregar velocidades de pelo menos 20% das velocidades contratadas para *download* e *upload* a qualquer momento (chamada velocidade instantânea) e 60% da velocidade contratada, em média, medida durante um mês. Estes parâmetros aumentaram para 30% e 70%, respectivamente, em novembro de 2013 e devem alcançar 40 % e 80% em novembro de 2014. Também foram estabelecidos limites sobre outros parâmetros técnicos (latência, *jitter* e perda de pacotes) para conexões de banda larga fixa. As medições das velocidades médias devem ser feitas por 12.000 voluntários e pelas escolas públicas, utilizando-se um medidor chamado de "caixa branca". Multas devem ser cobradas por violações. Os usuários podem testar a sua velocidade (instantânea) a qualquer momento (por exemplo,

usando o serviço gratuito em http://www.brasilbandalarga.
com.br/speedtest) e denunciar violações.

Apesar das novas regras, as queixas registradas junto à Anatel
aumentaram 31,1% em 2013 em comparação com 2012. O
crescimento mais rápido das queixas foi para a banda larga,
48.8%.[13]

Incentivos fiscais para a produção nacional de modems, tablets, PCs, smartphones e roteadores (terminais de acesso)

O preço dos terminais de acesso é a maior barreira para possuir
um computador e acessar a Internet por parte das famílias.
A pesquisa do CETIC.br de 2012 mostrou que, em 63% dos
domicílios sem computador, os preços eram considerados a
principal razão para não comprarem um, com porcentagens
mais elevadas para as famílias de baixa renda. Em 44% dos
domicílios com computador, mas sem ligação à Internet, o custo
também foi a razão pela qual não tinham conexão.[14]

Por esta razão, e também com o objetivo de incentivar o
desenvolvimento da tecnologia nacional, ter um impacto positivo
sobre a balança comercial e reduzir o chamado "mercado cinza"
em equipamentos, as alíquotas de imposto sobre terminais de
acesso foram reduzidas a zero para o PIS/Cofins e o Imposto
sobre Produtos Industrializados (IPI). O MC estima que somente
para smartphones as desonerações chegarão a R$ 2 bilhões
(cerca de US$ 830 milhões) até 2016.

As isenções fiscais para a infraestrutura PNBL (REPNBL-Redes)

Os objetivos destas medidas são promover os investimentos
na infraestrutura de banda larga e na indústria nacional de
equipamentos de TIC. Para os equipamentos de fabricantes

nacionais, concedem-se as isenções do PIS/Cofins e do IPI. Para os investimentos em redes de fibra óptica e outras infraestruturas de banda larga fixa e móvel, as isenções de PIS/Cofins também são concedidas. As empresas devem apresentar os seus projetos de investimento para o MC. Existem requisitos de conteúdo nacional para os equipamentos utilizados. O MC estima que estes incentivos resultarão em R$ 3,8 bilhões (cerca de US$ 1,6 bilhão) em desonerações fiscais até 2016. Outra medida estabelecida em lei aprovada em 2011 prevê isenções de imposto de renda para as pessoas físicas e reduções para as empresas detentoras de debêntures que financiam projetos de infraestrutura.

O progresso é evidente, mas é preciso muito mais

Nos últimos anos, e especialmente desde o lançamento do PNBL em 2010, muitas medidas foram tomadas para melhorar a cobertura da Internet e sua velocidade, assim como para reduzir os preços e a melhorar a qualidade do serviço. De fato, o governo federal deu maior prioridade ao alcance desses objetivos do que no passado. Há indicações de que o governo está se preparando para fazer ainda mais nos próximos anos. Fala-se de um melhor financiamento numa versão 2.0 do PNBL e uma aceleração do programa das cidades digitais.[15] Estas medidas atenderiam às necessidades dos segmentos mais pobres da população e, especialmente, da classe média emergente que está exigindo mais e melhores serviços públicos, como também acesso à Internet a preços mais acessíveis. No Capítulo 8 serão apresentadas algumas sugestões para as ações prioritárias do novo governo a ser eleito em outubro de 2014 e empossado em janeiro de 2015.

Antes disso, nos capítulos 6 e 7 consideramos o lado sombrio da Internet e a governança da Internet no Brasil.

Capítulo 5: O Que Está Sendo Feito para Melhorar a Conetividade à Internet

1   http://www.telebras.com.br/inst/?page_id=605. O documento base do PNBL é Comitê Gestor do Programa de Inclusão Digital – CGPID, Secretaria Executiva (2010). Uma coleção de documentos e apresentações sobre o PNBL está disponível em http://www4.planalto.gov.br/brasilconectado. Acessados 30/04/2014.

2   http://www.telesintese.com.br/index.php/plantao/25346-telcomp-cobra-aprovacao-rapida-da-resolucao-dos-postes. Acessado 17/02/2014.

3   Para uma análise das origens e potencial da Eletronet, veja Alvim (2007).

4   http://www.telesintese.com.br/telebras-usara-rede-da-eletrosul-para-atender-cidades-sede-da-copa/. Acessado 20/03/2014.

5   Correspondência com Michael Stanton, 16/02/2014.

6   Palestra pelo então Presidente da Telebras, Caio Bonilha, na conferência anual da ABRINT em São Paulo, 14/06/2013.

7   Grizende, Simões da Silva & Stanton (2012).

8   Ávila (2008); Macedo e Carvalho (2010); Guedes, Pasqual, Pitoli e Oliva (2008) e e-mail de Pedro Lucas da Cruz Araújo, Gerente de Projetos, Departamento de Banda Larga, Secretaria de Telecomunicações, Ministério das Comunicações, 28/06/2013.

9   Correspondência por e-mail com Pedro Lucas da C. P. Araujo, Gerente de Projetos, Departamento de Banda Larga, Secretaria de Telecomunicações, Ministério das Comunicações, 28/06/2013.

10 Qiang & Rossotto (2009), p. 45.

11 Esta seção depende em grande medida do MC (2013).

12 http://www.sinditelebrasil.org.br/sala-de-imprensa/releases/1545-iniciativa-inedita-no-parana-cria-pacto-

para-melhoria-da-qualidade-da-telefonia-movel-no-estado.

13   http://www.anatel.gov.br/consumidor/dados-e-rankings/ and http://www.idec.org.br/em-acao/noticia-consumidor/reclamaces-na-central-de-atendimento-da-anatel-aumentam-31-no-ano-passado. Ambos acessados 2 March 2014.

14   CETIC.br (2013), Tabelas A9 and A10.

15   http://oglobo.globo.com/tecnologia/pnbl-2-estara-pronto-ate-meio-do-ano-diz-paulo-bernardo-7952990. Acessado 02/03/2014.

Capítulo 6

O Lado Sombrio da Internet

Enquanto os benefícios da Internet para o desenvolvimento econômico, social e político são inegáveis, ela, como qualquer tecnologia, pode ser usada para o bem, ou para fins questionáveis, ilegais ou militares. Spam, phishing, abuso infantil, tráfico de drogas, pirataria da propriedade intelectual, invasões de privacidade, terrorismo, espionagem econômica e política (tanto por órgãos governamentais quanto por grupos privados), vigilância generalizada (como a revelada por Edward Snowden) e guerra cibernética são ameaças reais. Elas podem acarretar custos elevados, para os seus alvos (inclusive o tempo perdido e as perdas econômicas mais diretas), além dos custos das medidas de segurança para se defender contra eles.

Spam e cibercrime

O spam, e-mail não solicitado e indesejado, foi responsável por 72,1% do tráfego de e-mail em 2012, segundo a empresa de segurança na Internet, Kapersky.[1] O spam é responsável por vários impactos negativos, como o desperdício do tempo do usuário, o custo para filtrar as mensagens, quando isto é possível, e o entupimento dos canais da Internet com tráfego inútil e prejudicial. Mas o spam pode também ser mais perigoso quando envolve *phishing* (links para sites que se dizem legítimos, mas que na prática roubam dados, nomes de usuários e senhas de acesso a instituições financeiras e outros tipos de fraude).

Os ataques de *phishing* também podem inserir vírus ou outros malwares para o computador do usuário – inclusive o código para transformá-lo em um "bot" dentro de uma rede clandestina de milhares de computadores manipulados por criminosos e *hackers* para atacar outros computadores ou sites. Essas redes são chamadas de botnets. A pornografia infantil, e instruções para a fabricação de bombas e outras armas de terror também estão facilmente disponíveis na Internet.

O Brasil foi a maior fonte de spam na América Latina e no Caribe em 2012, dando origem a 36,3% do spam proveniente dessa região e 58,4% das páginas web maliciosas.[2] O número de servidores web no Brasil decobertos controlando as *botnets* cada mês durante o período de julho de 2012 até junho de 2013 era entre 4 e 39, com um aumento pronunciado nos últimos quatro meses deste período.[3] O Brasil também recebe grandes quantidades de spam originadas do resto do mundo, inclusive *phishing* spam.

Em setembro de 2011, a Symantic publicou um relatório da sua subsidiária Norton, uma grande empresa de cyber-segurança. No relatório estima-se que o custo direto do crime cibernético no mundo todo era de US\$ 114 bilhões em 2010. Com base no valor estimado do tempo perdido pelas vítimas dos crimes cibernéticos, haveria uma perda adicional de US\$ 274 bilhões. Com 431 milhões de vítimas no mundo, com perdas avaliadas em US\$ 388 bilhões, levando-se em conta os prejuízos financeiros e o tempo perdido, o crime cibernético custou para a população mundial significantemente mais do que o mercado negro mundial de maconha, cocaína e heroína juntos (US\$ 288 bilhões).[4]

O cientista-chefe do Ministério da Defesa do Reino Unido, Sir Mark Welland, solicitou um estudo para identificar as principais categorias de crimes cibernéticos e definir o que é conhecido e o que não é sobre os custos diretos, indiretos e de defesa – tanto para o Reino Unido como para o mundo.[5] Esta solicitação foi estimulada pela publicação, em fevereiro de 2011, de um relatório encomendado pelo *Cabinet Office* do Reino Unido, que divulgou o cálculo de que o custo anual do cibercrime para o Reino Unido era da ordem de US$ 42 bilhões.[6]

Os autores do estudo encomendado pelo Ministro Welland observam que somos "extremamente ineficientes" no combate ao crime cibernético e oferecem uma solução de linha dura: "Nossos dados sugerem que devemos gastar menos na antecipação do crime cibernético (com antivírus, firewalls, etc) e mais em seu combate – isto é, o negócio prosaico de caçar criminosos e jogá-los na cadeia."[7] Um artigo de agosto de 2012 na *Business Week* apresenta um instantâneo dos resultados desta pesquisa demonstrando o desequilíbrio entre o que os criminosos cibernéticos ganham e o dinheiro gasto para a proteção contra os crimes digitais.[8]

Por exemplo, o custo da fraude bancária online utilizando phishing ou malware foi estimado em US$ 690 milhões (uma subestimação provável, segundo os autores), enquanto o custo de limpar os computadores infectados e o combate ao crime cibernético (inclusive firewalls, sistemas de detecção de intrusão, implantação e manutenção de software e treinamento de usuários) foi estimada em cerca de US$ 20 bilhões, provavelmente uma estimativa muito conservadora.

O Brasil é um país com um sistema bancário muito avançado, que se tornou um líder mundial nesta área durante o período da alta inflação e hiperinflação, na década de 1980 e início de 1990. Naquela época a capacidade de movimentar o dinheiro rapidamente se tornou urgente. Um dos resultados foi o Sistema de Pagamentos Brasileiro (SPB) para transferências eletrônicas de fundos.[9] Mais de 50% dos brasileiros usam meios eletrônicos de comunicação e computadores para os serviços financeiros, oferecendo um alvo atraente para os grupos criminosos organizados. Estes criminosos usam malwares sofisticados para o roubo online, por meio de sites falsos que parecem ser sites de bancos para induzir os clientes desavisados a, sem saber, fornecerem os seus dados bancários ou desviar os pagamentos de transferências legítimas (por exemplo, em pagamento de contas) para as contas dos criminosos.[10] De acordo com o Trendmicro, em 2013 o Brasil teve o segundo maior número de detecções de malware bancário online entre todos os países, superado apenas pelos Estados Unidos.[11]

Privacidade, a vigilância e o caso Snowden

As questões de privacidade têm se destacado desde os primórdios da Internet, mas estão atraindo muita atenção recentemente. Enormes quantidades de dados estão sendo coletadas – tanto para fins legítimos, voluntariamente entregues pelos usuários (por exemplo, informações colocadas nas redes sociais ou obtidas por empresas de comércio eletrônico, como a Amazon ou Netflix) – quanto obtidas clandestinamente por agências nacionais ou entidades corporativas de espionagem. Estes dados são então analisados por meio de poderosas técnicas de "*big data*".

Edward Snowden está longe de ser a primeira pessoa a dar o alarme sobre o potencial da vigilância generalizada para criar um Estado orwelliano tipo "*Big Brother*". Em 2012, Julian Assange, fundador do Wikileaks, explicou desta forma em seu livro *Cypherpunks*:

> "O mundo não está deslizando, mas sim galopando
> em uma nova distopia transnacional. Este

desenvolvimento não tem sido devidamente reconhecido fora dos círculos da segurança nacional. Tem permanecido em sigilo a sua complexidade e escala. A internet, a nossa maior ferramenta de emancipação, foi transformada no mais perigoso facilitador do totalitarismo que já vimos. A internet é uma ameaça para a civilização humana."[12]

No Brasil, as revelações de Snowden, especialmente sobre as questões de monitoramento das mensagens eletrônicas da presidente Dilma Rousseff e da Petrobras, causaram grande consternação, tanto no governo brasileiro quanto na comunidade da Internet. Em 16 de setembro de 2013, em uma reunião no Palácio do Planalto, a presidente solicitou a ajuda do CGI.br na elaboração de um discurso para ser proferido na Assembléia Geral das Nações Unidas. Ela fez o discurso em 24 de setembro, condenando esta sua vigilância e a de outros líderes mundiais. Ela também declarou que o Brasil não só tomaria contramedidas em relação a esse monitoramento, como também apresentaria "propostas para o estabelecimento de um marco civil multilateral para a governança e uso da internet e de medidas que garantam uma efetiva proteção dos dados que por ela trafegam. A presidente continuou, declarando:

"Precisamos estabelecer para a rede mundial mecanismos multilaterais capazes de garantir princípios como:

1. Da liberdade de expressão, privacidade do indivíduo e respeito aos direitos humanos.
2. Da governança democrática, multilateral e aberta, exercida com transparência, estimulando a criação coletiva e a participação da sociedade, dos governos e do setor privado.

3. Da universalidade que assegura o desenvolvimento social e humano e a construção de sociedades inclusivas e não discriminatórias.
4. Da diversidade cultural, sem imposição de crenças, costumes e valores.
5. Da neutralidade da rede, ao respeitar apenas critérios técnicos e éticos, tornando inadmissível restrições por motivos políticos, comerciais, religiosos ou de qualquer outra natureza."[13]

Em seguida, em 4 de novembro, ela promulgou o decreto presidencial 8135/13, que exige que todos os órgãos do governo federal usem e-mail, processamento de dados e datacenters que pertencem ao governo federal.

Em 5 de novembro, uma nova versão do projeto de lei sobre o Marco Civil da Internet (PL 2126/11) foi apresentada à Câmara dos Deputados. Esta versão do PL 2126/11 reflete as preocupações do governo despertadas pelo caso Snowden. Entre outras mudanças nela introduzidas estava uma seção que autoriza o Poder Executivo a expedir um decreto exigindo que os PSIs e provedores de conteúdo de armazenar no Brasil as informações dos usuários brasileiros. Na versão final aprovada pela Câmara no dia 25 de marco de 2014, esta seção foi eliminada.[14] O MCI e as mudanças nele introduzidas ao longo do tempo são discutidos em detalhe no Capítulo 7.

Cyberguerra

Os ataques cibernéticos, que mobilizam vultosos recursos com medidas ofensivas e defensivas, não são apenas uma ameaça potencial. Com os ataques de Stuxnet nas instalações nucleares iranianas, eles se tornaram uma realidade. A vulnerabilidade de todos os tipos de sistemas importantes – incluindo-se bancos, redes elétricas, controles de transporte e comunicações militares – é uma realidade, e a defesa contra essas ameaças é cara e nunca totalmente efetiva. As recentes acusações e contra-acusações envolvendo autoridades norte-americanas e chinesas em matéria de invasões nos sistemas governamentais e corporativos são apenas a ponta do iceberg. Juntamente com o uso de drones, a ciberguerra está revolucionando a prática militar. Como Tim Hsia e Jared Sperli observaram em um artigo do New York Times, "alguns milhares de linhas de código agora podem ser uma arma eficaz para causar desordem e danos. Porém, isso também significa que a proteção da rede é mais importante do que nunca, como evidenciado pela publicação de documentos classificados, militares e diplomáticos, pela WikiLeaks e pelos mais recentes vazamentos de documentos da Agência de Segurança Nacional (*National Security Agency* - NSA) por Edward J. Snowden.[15]

Em conclusão, como é o caso com quase todas as tecnologias, a Internet pode ser utilizada para o bem ou para o mal.

Capítulo 6: O Lado Sombrio da Internet

1   www.kaspersky.com/about/news/spam/2013/
     Spam_in_2012_Continued_Decline_Sees_Spam_Levels_
     Hit_5_year_Low. Acessado 28/01/2014.

2   Trend Micro (2013), pp. 11 and 13.

3   Ibid, p. 14.

4   http://www.symantec.com/about/news/release/article.
     jsp?prid=20110907_02. Acessado 28/01/2014.

5   Anderson et al. (2012).

6   Detica and UK Cabinet Office (2011).

7   Ibid, p. 1.

8   http://www.businessweek.com/articles/2012-08-02/the-
     cost-of-cyber-crime. Acessado 28/01/2014.

9   Veja Knight & Wanderley (2004).

10   Trend Micro (2013), p. 19.

11   Trend Micro (2014), p. 23.

12   Assange et al. (2012), p. 1 (Local 29 na edição Kindle).

13   http://www2.planalto.gov.br/imprensa/discursos/
     discurso-da-presidenta-da-republica-dilma-rousseff-na-
     abertura-do-debate-geral-da-68a-assembleia-geral-das-
     nacoes-unidas-nova-iorque-eua. Acessado 09/03/2014.

14   Veja Nazereno (2014) para uma análise balançada
     do Marco Civil indicando as posições das distintas
     partes (*stakeholders*) quanto às disposições dele.
     Para a versao do MCI aprovado no dia 25/03/2014
     veja   http://www.camara.gov.br/proposicoesWeb/
     prop_mostrarintegra?codteor=1238721&filename=PPP+
     2+PL212611+%3D%3E+PL+2126%2F2011.

15   Hsia & Sperli (2013).

Capítulo 7

O Modelo Brasileiro de Governança da Internet

Este capítulo analisa a evolução do CGI.br, o Marco Civil da Internet (MCI), e como estes se relacionam com a próxima conferência NETMundial que acontecerá em São Paulo, nos dias 23 e 24 de abril de 2014.

CGI.br: composição e mandato

O CGI.br, conforme explicado no Capítulo 2, foi criado pela Portaria Interministerial (MCT e MC) N° 147, de 31 de maio de 1995, posteriormente alterada pelo Decreto Presidencial 4.829, de 3 de setembro de 2003. O CGI.br é responsável pela coordenação e integração de todas as iniciativas de serviços Internet no país, isto é, pela governança da Internet. O CGI.br é atualmente composto por 21 membros:

- Nove representantes do Governo Federal
    1. Ministério da Ciência, Tecnologia e Inovação;
    2. Ministério das Comunicações;
    3. Casa Civil da Presidência da República;
    4. Ministério da Defesa;
    5. Ministério do Desenvolvimento, Indústria e Comércio Exterior;
    6. Ministério do Planejamento, Orçamento e Gestão;
    7. Agência Nacional de Telecomunicações;

8. Conselho Nacional de Desenvolvimento Científico e Tecnológico; e
9. Conselho Nacional dos Secretários Estaduais para Assuntos de Ciência, Tecnologia e Informação - CONSECTI.

- Quatro representantes do setor empresarial
  1. provedores de acesso e conteúdo;
  2. provedores de infraestrutura de telecomunicações;
  3. indústria de bens de informática, telecomunicações e software; e
  4. segmento das empresas usuárias da Internet.
- Quatro representntes do terceiro setor
- Três representantes da comunidade científica e tecnológica
- Um representante de notório saber em assuntos de Internet

Entre as diversas atribuições e responsabilidades do CGI.br destacam-se:

- a proposição de normas e procedimentos relativos à regulamentação das atividades na internet;
- a recomendação de padrões e procedimentos técnicos operacionais para a internet no Brasil;
- o estabelecimento de diretrizes estratégicas relacionadas ao uso e desenvolvimento da internet no Brasil;
- a promoção de estudos e padrões técnicos para a segurança das redes e serviços no país;
- a coordenação da atribuição de endereços internet (IPs) e do registro de nomes de domínios usando <.br>; e
- a coleta, organização e disseminação de informações sobre os serviços internet, inclusive indicadores e estatísticas.[1]

O CGI.br é, portanto, uma verdadeira entidade *multistakeholder*. O governo federal está bem representado, mas não tem a maioria dos membros votantes. Dois dos pioneiros da Internet brasileira, cujas contribuições são discutidas no Capítulo 2, são membros do CGI.br. Demi Getschko é o especialista "de notório saber em assuntos de Internet" e também o Presidente do Conselho Executivo do NIC.br, braço executivo da GCI.br como explicado abaixo. Carlos Afonso, fundador do IBASE e da Alternex, é um dos representantes do terceiro setor, ou seja, das organizações da sociedade civil ou organizações não-governamentais.

Em dezembro de 2005, o CGI.br criou o Núcleo de Informação e Coordenação do Ponto BR (NIC.br) para servir de braço executivo do CGI.br. A missão do NIC.br envolve certos direitos e obrigações, que incluem:

- o registro e manutenção dos nomes de domínios que usam o <.br>, e a distribuição de números de Sistema Autônomo *(Autonomous Number System* - ASN) e endereços IPv4 e IPv6 no país, por meio do **Registro.br**;
- o tratamento e resposta a incidentes de segurança em computadores envolvendo redes conectadas à Internet no Brasil, atividades do **CERT.br**;
- os projetos que apoiem ou aperfeiçoem a infra-estrutura de redes no País, como a interconexão direta entre redes (**PTT.br**) e a distribuição da Hora Legal brasileira (**NTP. br**). Esses projetos estão a cargo do **CEPTRO.br**;
- a produção e divulgação de indicadores, estatísticas e informações estratégicas sobre o desenvolvimento da Internet no Brasil, sob responsabilidade do **CETIC.br**;
- promover estudos e recomendar procedimentos, normas e padrões técnicos e operacionais, para a segurança das redes e serviços de Internet, bem assim para a sua crescente e adequada utilização pela sociedade;
- o suporte técnico e operacional ao **LACNIC**, Registro de Endereços da Internet para a América Latina e Caribe e

- hospedar o escritório brasileiro do **W3C** (World Wide Web Consortium), que tem como principal atribuição desenvolver padrões para Web.

A estrutura do NIC.br é apresentada na Figura 10.

Figura 10: A Estrutura do CGI.br e do NIC.br

1 Diretor presidente
2 Diretor administrativo e financeiro
3 Diretor de serviços e de tecnologia
4 Diretor de projetos especiais e de desenvolvimento
5 Diretor de assessoria às atividades do CGI.br

Fonte: http://www.nic.br/english/about/nicbr.htm

O Marco Civil da Internet

Baseando-se em dez princípios desenvolvidos pelo CGI.br, um processo que incluiu várias discussões em fóruns públicos foi conduzido pelo Ministério de Justiça e a Fundação Getúlio Vargas. Este processo culminou na introdução de um Projeto de Lei (PL 2126/11) na Câmara dos Deputados pela presidente Dilma Rousseff em agosto de 2011. Depois de longos debates, a legislação foi votada na Câmara no dia 25 de março de 2014 e no Senado no dia 22 de abril. Ela foi sancionada pela presidente no dia 23 de abril durante a cerimônia de abertura da NETmundial em São Paulo.

O MCI procura estabelecer "princípios, garantias, direitos e obrigações para o uso da Internet no Brasil." Foi submetido a intenso debate em vários fóruns, antes e depois de ser submetido à Câmara dos Deputados. A natureza do debate e sua elaboração foram verdadeiramente participativas e possibilitou uma análise mais aprofundada na forma de um processo democrático moderno, que em muitos aspectos é semelhante ao utilizado na preparação do projeto da Constituição da Islândia. O MCI tem atraído considerável atenção internacional. Ele é um modelo que poderia ser seguido por outros países, além de fornecer um quadro jurídico abrangente para a governança da Internet no Brasil. Porém, traz no seu bojo controvérsias importantes que precisam ser entendidas.

O processo de elaboração e o debate

Em 2009, o CGI.br publicou uma lista de dez "Princípios para a governança da Internet no Brasil". Foram eles:

1. *Liberdade, privacidade e direitos humanos*
   O uso da Internet deve guiar-se pelos princípios de liberdade de expressão, de privacidade do indivíduo e de respeito aos direitos humanos, reconhecendo-os como fundamentais para a preservação de uma sociedade justa e democrática.

2. *Governança democrática e colaborativa*
   A governança da Internet deve ser exercida de forma transparente, multilateral e democrática, com a

participação dos vários setores da sociedade, preservando e estimulando o seu caráter de criação coletiva.

3. *Universalidade*

O acesso à Internet deve ser universal para que ela seja um meio para o desenvolvimento social e humano, contribuindo para a construção de uma sociedade inclusiva e não discriminatória em benefício de todos.

4. *Diversidade*

A diversidade cultural deve ser respeitada e preservada e sua expressão deve ser estimulada, sem a imposição de crenças, costumes ou valores.

5. *Inovação*

A governança da Internet deve promover a contínua evolução e ampla difusão de novas tecnologias e modelos de uso e acesso.

6. *Neutralidade da rede*

Filtragem ou privilégios de tráfego devem respeitar apenas critérios técnicos e éticos, não sendo admissíveis motivos políticos, comerciais, religiosos, culturais, ou qualquer outra forma de discriminação ou favorecimento.

7. *Inimputabilidade da rede*

O combate a ilícitos na rede deve atingir os responsáveis finais e não os meios de acesso e transporte, sempre preservando os princípios maiores de defesa da liberdade, da privacidade e do respeito aos direitos humanos.

8. *Funcionalidade, segurança e estabilidade*

A estabilidade, a segurança e a funcionalidade globais da rede devem ser preservadas de forma ativa através de medidas técnicas compatíveis com os padrões internacionais e estímulo ao uso das boas práticas.

9. *Padronização e interoperabilidade*
A Internet deve basear-se em padrões abertos que permitam a interoperabilidade e a participação de todos em seu desenvolvimento.

10. *Ambiente legal e regulatório*
O ambiente legal e regulatório deve preservar a dinâmica da Internet como espaço de colaboração.[2]

Nesse mesmo ano, iniciou-se um processo para desenvolver um projeto de lei que seria a ser o MCI. O processo de elaboração do pre-projeto foi conduzido pelo Ministério da Justica, em parceria com o Centro de Tecnologia e Sociedade (CTS) da Fundação Getúlio Vargas do Rio de Janeiro, em duas fases, ambas com cerca de 45 dias. Na primeira, um *white paper*, com proposições temáticas, questionamentos e contextualizacoes foi colocado no site culturadigital.br/marcocivil para receber comentários. Na segunda, um pré-projeto de lei, construído a partir dos comentários da primeira fase, foi submetido ao mesmo processo participativo. Havia também uma wiki, uma biblioteca virtual de referências e um fórum de bate-papo em tempo real para promover uma discussão aberta. Um hashtag no Twitter (#marcocivil) e uma série de blogs surgiram espontaneamente, contribuindo para o debate. O site recebeu mais de 160.000 visitas, com mais de 2.300 comentários escritos apresentados, muitos dos quais foram tomados em consideração na elaboração do projeto de lei.

Em 24 de agosto de 2011, o projeto de lei que resultou deste processo foi enviado pela Presidente Dilma Rousseff à Câmara, e recebeu o número 2.126/2011. Entre agosto de 2011 e setembro de 2013, 37 projetos de lei relacionados ao MCI, alguns dos quais já estavam tramitando na Câmara e outros introduzido durante este período, foram apensados a PL 2126/2011. O MCI acabou servindo como texto-base para o relatorio final reunindo (aprovando, rejeitando ou incorporando) todos estes demais. Entre 06 de abril e 12 de junho de 2012 sete audiências públicas foram realizadas em seis cidades diferentes (a primeira e a última foram em Brasília). Nestas audiências, 62 pessoas, representando diversos interesses e organizações, muitas vezes conflitantes, fizeram apresentações formais.

O site edemocracia.camara.gov.br e a mídia social foram utilizados para receber extensos comentários. Em 14 de julho, o relator para o PL 2126/11, Deputado Alessandro Molon, colocou um rascunho de seu relatório à Comissão Especial sobre o site para receber comentários até 16 de julho. Nesses três dias, o site recebeu 14.673 visitas de 3.500 visitantes únicos e 109 contribuições escritas. Em 17 de Julho, uma nova versão do projeto de lei foi introduzida pelo relator.

Uma comparação lado a lado dos textos completos do original, da versão de 17 de julho de 2012 e de todas as subsequentes revisões até 25 de marco de 2014 ajuda muito a entender o processo legislativo para o leitor que queira mais detalhes.[3] Apesar de várias tentativas para se obter a aprovação da lei em novembro e dezembro de 2012, nenhuma votação foi realizada naquele ano, nem em 2013, apesar da elaboração de mais uma revisão do PL 2126/11 em novembro de 2013. Essa revisão introduziu algumas novas disposições motivadas pelo furor sobre as revelações de Snowden e procurou uma linguagem de compromisso nas partes do projeto mais controvertidas.[4]

Principais assuntos em debate[5]

A questão que tem causado a maior polêmica é aquela que também tem sido objeto de controvérsia nos Estados Unidos e na Europa: a *neutralidade da rede*. O princípio subjacente da neutralidade da rede é de que todo o tráfego da Internet deve ser tratado igualmente, ou mais especificamente, que os PSIs devem permitir o acesso a todos os conteúdos e aplicações, independentemente de suas fontes, e sem favorecer ou bloquear produtos ou sites específicos.

As grandes empresas de telecomunicações e de conteúdo se opõem ou procuram limitar essa neutralidade, não apenas no Brasil, mas em todo o mundo. Afirmam que devem poder priorizar certos tipos de tráfego para impedir que um pequeno número de usuários (por exemplo, aqueles que costumam baixar vídeos de alta definição) elevem os custos para outros usos e/ou forcem as telcos a fazer vultosos novos investimentos novos para acomodar essa demanda. Os defensores da neutralidade da rede argumentam que, partindo deste princípio, o resultado seria a balcanização da Internet. Os provedores de conteúdo pagariam os PSIs (principalmente as grandes empresas de telecomunicações) para darem prioridade ao seu conteúdo, colocando provedores concorrentes em desvantagem. A Internet se tornaria mais próxima do modelo da TV a cabo ou por satélite: os provedores poderiam oferecer diferentes "pacotes" de conteúdos, a preços diferentes.

Privacidade de dados pessoais. Esta questão inclui a manutenção de registros por parte dos PSIs, o acesso a eles e o tempo que estes registros têm que ficar armazenados. Mas outra área de contenção é a utilização dos dados obtidos, a partir dos internautas, pelos serviços comerciais (por exemplo, máquinas de busca, empresas de rede social, e as empresas de eComercio) e onde esses dados podem ser armazenados. Tem-se revelado difícil encontrar um equilíbrio aceitável entre a privacidade e a segurança. Houve inúmeros confrontos entre os defensores da privacidade e as polícias, o Judiciáiro e os interesses comerciais. Esta questão tornou-se ainda mais contenciosa depois das revelações de Snowden.

O requisito de armazenar no Brasil os dados obtidos de residentes no Brasil, é uma questão que surgiu quando a presidente Dilma procurou incluir uma disposição neste sentido na proposta divulgada depois das revelações Snowden. Há questões de custo e viabilidade. Uma questão relacionada é se os provedores de conectividade e os provedores de conteúdo precisam ser regidos pela legislação brasileira, inclusive aquela que trata dos dados pessoais e privativos, mesmo que as empresas em questão estejam localizadas fora do Brasil.

Os direitos de propriedade intelectual relacionados com pirataria dos conteúdos e software e a liberdade de expressão, inclusive o acesso ao conteúdos que contenham nudez ou atos sexuais não autorizados pelos participantes, foram também objeto de muita controvérsia.

Caminhando para a votação

Em 12 de setembro de 2013, a presidente Dilma Rousseff declarou que a votação do PL 2126/11 tinha "urgência". Isso significava que a Câmara dos Deputados tinha até 28 de outubro para o debate. Depois desta data, nenhuma outra legislação que não fosse declarada urgente pelo Poder Executivo poderia ser tramitada até a votação deste projeto. A presidente apoiava o conceito de neutralidade da rede, mas propôs disposições relativas ao armazenamento de dados por parte das empresas estrangeiras no Brasil, dois assuntos controvertidos.

A comissão especial da Câmara, em seguida, teve que revisar todos os outros projetos de lei apensados ao PL 2126/11, assim como as novas contribuições para o debate, decidir quais os projetos de lei e sugestões a aceitar e quais rejeitar, e em seguida entregar um relatório ao plenário da Câmara com sua revisão do projeto de lei. Este relatório foi apresentado pelo Deputado Molon em 12 de fevereiro de 2014. Finalmente em 25 de março, negociados alguns ajustes que resultaram em um amplo acordo interpartidário, a Câmara aprovou o PL 2126/11, quase por unanimidade. A legislação então passou ao Senado, onde foi votada na noite do dia 22 de abril, e, finalmente sancionada pela presidente Dilma na cerimônia de abertura da NETmundial em São Paulo no dia seguinte, tornando-se Lei 12.965.

Pelo menos um especialista em telecomunicações, Ethevaldo Siqueira, argumenta que o MCI não é necessário, porque procura defender a Internet contra ameaças que não ocorreram, e que a legislação existente é suficiente ou poderia ser modificada para atingir objetivos legítimos e que tentar regular algo tão dinâmico quanto a Internet poderia simplesmente aumentar custos e ser ineficaz.[6] No fim, foi uma negociação política que resultou em um texto que alcance um mínimo de consenso ou aceitação entre os interesses, as vezes conflitantes, dos diferentes *stakeholders*.

As principais disposições da MCI

A Lei 12.965 incorpora uma série de compromissos relacionados com as grandes questões das disputas acima resumidas. Cada uma destas disputas resultou de negociações influenciadas por pressões de várias partes interessadas, muitas vezes com interesses conflitantes. O texto da lei pode ser facilmente acessado por aqueles interessados.[7] Os parágrafos que se seguem resumem a forma como a lei lida com estas questões.

Neutralidade da rede: é garantida no artigo 9º, especificando que "Os responsáveis pela transmissão, comutação ou roteamento têm o dever de tratar de forma isonômica todos os pacotes de dados, sem levar em conta o seu conteúdo, origem ou destino, serviço, terminal ou aplicativo." Os três parágrafos do artigo 9º elaboram e em certa forma limitam este princípio:

a) especificar duas exceções a esta disposição (requisitos técnicos indispensáveis e prioridade para serviços de emergência), a serem definidas (regulamentadas) pelo Presidente da República, de acordo com a disposição da Constituição Federal e após consulta com o CGI.br e a Anatel);

b) estabelecer princípios rigorosos que regem essas exceções; e

c) proibir o bloqueio, monitoramento, filtragem ou análise do conteúdo dos pacotes de dados.

Este artigo foi o resultado de árduas negociações ao longo de todo o processo de elaboração, intensificadas nos últimos dias antes da aprovação na Câmara dos Deputados e do Senado. Ele é uma solução de compromisso entre os grupos de interesse acima mencionados.

Privacidade de dados pessoais: é protegida nos artigos 10-23, que também especifica algumas exceções e detalham como elas serão aplicadas, na maioria dos casos sujeitas a ordens judiciais, a menos que voluntariamente cedidas pelos usuários da Internet. Os princípios básicos que regem a privacidade estão definidos no artigo 10º, que especifica que "O armazenamento e a disponibilização de registros sobre a conexão e o acesso às aplicações de Internet ..., assim como os dados pessoais e o conteúdo das comunicações privadas devem preservar a intimidade, a vida privada, a honra e reputação das partes direta ou indiretamente envolvidas." Os dados coletados no Brasil estão sujeitos à lei brasileira. Os PSIs devem manter os registros de conexões do usuário e de navegação por um ano, sendo os direitos limitados de acesso a eles especificados detalhadamente. Pesadas multas por violação destas disposições são estabelecidas. Uma campanha feita por 17 organizações da sociedade civil para que a presidente vetasse o artigo 15, que define os requisitos para se manter e acessar os registros que os provedores de aplicações têm de manter, geralmente de seis meses (embora sob ordem judicial o período possa ser mais longo), não foi bem sucedida.

O requisito de armazenar os dados obtidos a partir de residentes no Brasil no país não foi incluído como parte da lei, mas o artigo 11 especifica que, em "qualquer operação que envolva a coleta, o armazenamento e processamento de registros de dados pessoais ou comunicações pelos ISPs e provedores de aplicações, onde pelo menos um desses atos ocorra no Brasil, deve respeitar a legislação brasileira e os direitos à privacidade, à proteção de dados pessoais e a confidencialidade das comunicações privadas e registros".

Os direitos de propriedade intelectual e a liberdade de expressão são protegidos, sujeitos às disposições relativas à calúnia e material ofensivo. O artigo 19, assim como o artigo 15, objeto de intensa controvérsia, especifica que os provedores de aplicações de Internet somente serão responsabilizados por danos decorrentes de conteúdo gerado por terceiros se, após uma ordem judicial específica, não tomarem medidas "dentro dos limites técnicos do seu serviço e dentro do prazo indicado, tornarem indisponível o conteúdo ofensivo, sujeito aos requisitos legais em contrário." Uma notificação e uma disposição de retirada exigem uma ordem judicial que especifique claramente o conteúdo ofensivo, exceto em casos que impliquem a postagem de imagens ou vídeos que envolvam nudez ou atos sexuais privados não autorizados pelos participantes após receberem uma notificação pela parte ou partes ofendidas.

Em suma, o MCI representa a tentativa mais completa até à data, em todo o mundo, para se estabelecer uma "declaração de direitos" para os usuários da Internet. Sendo resultado de compromissos discutidos enquanto grupos de interesses conflitantes ou interessados pressionavam os legisladores, ele exemplifica a definição de política como a arte do possível. As posições assumidas por estes grupos de interesse durante o processo legislativo também trazem à mente a primeira regra da política burocrática: *where you stand depends on where you sit* (sua opinião em qualquer assunto depende dos interesses da organização que representa). As batalhas sobre as principais questões de disputa continuarão à medida em que a lei é regulamentada e melhor definida, inclusive por meio de ações judiciais e processos. O MCI merece e terá um estudo cuidadoso, feito por outros países e pela comunidade internacional enquanto a luta pela melhoria da governança da Internet continua.

Evolução do ecosistema da governança internacional da Internet

A *Internet Corporation for Assigned Names and Numbers* (ICANN - www.icann.org) foi fundada em 1998, três anos após o CGI.br. É uma organização global de caráter *multistakeholder,* criada e autorizada por meio de ações do governo dos EUA e de seu

Departamento de Comércio. A ICANN tem funções semelhantes às do CGI.br, mas a nível internacional. Ela coordena o *Domain Name System* (DNS) da Internet, os endereços IP e os números dos sistemas autônomos. Para levar a cabo estas responsabilidades, é necessária uma administração contínua destes sistemas em evolução e dos protocolos que lhes são subjacentes.

Embora a ICANN tenha suas raízes no governo dos EUA, ela é uma organização internacional orientada pela comunidade dos diversos *stakeholders* da Internet (registros, PSIs, usuários individuais, usuários comerciais e empresariais e usuários não comerciais). São estes grupos organizados de *stakeholders*, não os governos nacionais, que elegem seus representantes que compõem o Diretório. Os governos, porém, têm uma voz via seu *Government Advisory Committee*. A ICANN administra uma Internet interoperável que abrange 180 milhões de nomes de domínios, a alocação de mais de 4 bilhões de endereços na rede e o apoio a cerca de um trilhão de pesquisas de DNS, todos os dias, em 240 países.

Desde a comercialização da Internet na década de 1990, existe um debate internacional contínuo sobre o suposto controle da Internet pelos Estados Unidos. A ICANN é uma empresa da Califórnia. Um dos seus principais departamentos é a *Internet Assigned Numbers Authority* (IANA - www.iana.org), que aloca e mantém códigos únicos e sistemas de numeração utilizados nos protocolos que conduzem a Internet sujeita a um contrato de desempenho assinado com o Departamento de Comércio dos EUA, assim como por um Memorando de Entendimento com a *Internet Engineering Task Force* (IETF), uma associação de profissionais composta por milhares de engenheiros e outros especialistas técnicos. A missão da IETF é fazer a Internet funcionar melhor, do ponto de vista da engenharia. A IANA data dos primórdios da Internet na década dos anos

1970, quando foi operada pelo Departamento de Defesa dos Estados Unidos.

No entanto, em 14 de março de 2014, a *National Telecommunications and Information Administration* (NTIA) do Departamento de Comércio dos EUA anunciou sua intenção de iniciar um processo para transferir as funções-chave de nomes de domínio da Internet para a comunidade global *multistakeholder*. Atualmente, a ICANN contrata a NTIA para realizar as funções da IANA. A transferência do papel da NTIA para uma eventual organização a ser negociada pelos *stakeholders* marca a fase final do processo de privatização do DNS, conforme prevista pelo governo dos EUA em 1997.[8]

O debate sobre a internacionalização da ICANN e da IANA e a possível transferência de suas funções para a ITU – hoje uma agência da Organização das Nações Unidas – tornou-se mais aquecido nos últimos anos, em diversos fóruns. Entre eles estão a ITU, a Internet Society (ISOC), a ICANN e seus próprios órgãos, e o Fórum de Governança da Internet (*Internet Governance Forum* - IGF). Este último surgiu a partir da Cúpula Mundial sobre a Sociedade da Informação (*World Summit on the Information Society* - WSIS), realizada em duas etapas, em Genebra (2003) e Tunis (2005), sob os auspícios da ITU.

A ICANN faz parte de um ecossistema mais amplo da Internet que envolve não só a governança, mas as questões técnicas, comerciais e culturais, entre outras. A natureza multicamadas, internacional e multi-institucional deste complexo ecossistema é representada na Figura 11.

Figura 11: Modelo em Camadas do Ecosistema da Internet

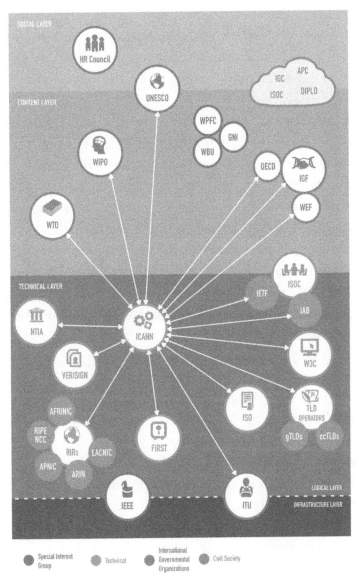

Fonte: Cerf et al (2014) Figura 7, p. 39

Em dezembro de 2012, em Dubai, a ITU convocou a Conferência Mundial sobre as Comunicações Internacionais (*World Conference on International Communications* - WCIT) para analisar e rever um tratado de 1988, chamado de Regulamento das Telecomunicações Internacionais (*International Telecommunications Regulations* ITRs). O Brasil ficou ao lado da China, Rússia, Irã, Síria e uma série de outros estados reputados como autoritários, na aprovação de um novo tratado que não foi assinado pelos Estados Unidos e outros 54 países do mundo todo.[9]

Houve divergências sobre a linguagem nas ITRs referentes aos papéis da ITU na abordagem ao spam e à segurança da rede. Mas a principal e mais importante controvérsia tratou de uma resolução sobre a governança da Internet que sugere um papel muito mais proeminente para os governos e para a ITU em questões da Internet. As novas ITRs fazem apenas uma breve referência ao valor de uma entidade *multistakeholder* e às possibilidades de formação de políticas por ela. Ao contrário da ICANN, onde o Diretório é composto por representantes de vários grupos, como explicado acima, na ITU somente os estados membros podem votar em assuntos como os ITRs. Assim, a UIT não é uma organização *multistakeholder*.

A ISOC é uma organização sem fins lucrativos, composta por mais de 65.000 membros e 91 associações (chamadas *Chapters*) em todo o mundo (inclusive um muito ativo no Brasil). Ela se dedica a assegurar o desenvolvimento aberto, a evolução e o uso da Internet para o benefício de todas as pessoas, em todo o mundo. A ISOC – como a ICANN, a ITEF, muitas outras organizações não-governamentais, empresas do setor privado e outros grupos envolvidos na formulação de políticas da Internet – só poderia participar do WCIT como um membro não-votante da ITU.

A posição da ISOC é de que "os processos de elaboração dos tratados intergovernamentais não são o melhor modo para lidar com questões relacionadas às políticas críticas da Internet, porque não permitem um engajamento *multistakeholder* completo na tomada de decisões."[10] A ISOC teme também que "a falta de consenso entre as nações e as tentativas persistentes, por parte de alguns governos, de estabelecer políticas para a Internet en um ambiente fechado e intergovernamental, coloca o diálogo político da Internet em um terreno incerto. Não se sabe até que ponto o ambiente altamente politizado no WCIT irá permear as futuras discussões da governança da Internet".[11]

A NETmundial e o Brasil

Após as revelações de Snowden, o debate sobre a governança da Internet explodiu. O *Global Multistakeholder Meeting on the Future of Internet Governance* (NETmundial) pode ser visto como uma nova frente de batalha, na que já foi chamada de Guerra Global de Governança da Internet. Em um livro recente com este título, Laura DeNardis argumenta que

> "A governança da Internet é um espaço contestado que reflete lutas de poder mundiais mais amplas. É também uma realidade do século XXI que a governança da Internet tem se expandido além das funções operacionais de governança. Tecnologias de governança da Internet são reconhecidas como forças poderosas para controlar o fluxo do conteúdo para aplicação dos direitos de propriedade intelectual, por exemplo. Elas também estão sendo cooptadas para a censura, para a vigilância, para as intervenções de corte de acesso à Internet [*kill switch*], e para fazer declarações políticas através de mecanismos técnicos, como ataques DDoS (*Distributed Denial of Service*)."[12]

A decisão do Brasil de ser anfitrião da NETmundial é outra manifestação da forte reação do país em relação ao caso Snowden. Formalmente a NETmundial é uma iniciativa da 1Net (www.1net.org), uma organização estabelecida após uma reunião de líderes globais e regionais da Internet, realizada em Montevidéu, Uruguai, em outubro de 2013.[13] A 1Net é "destinada a ser uma iniciativa focada na discussão de questões selecionadas da Internet com a intenção de trabalhar para encontrar soluções colaborativas realizáveis".[14] Em 7 de outubro de 2013 esses líderes assinaram uma declaração conjunta conhecida como a Declaração de Montevidéu sobre o Futuro de Cooperação na Internet. São estes os seguintes pontos principais dela:

- A importância das operações globais coerentes da Internet;
- A preocupação com a fragmentação da Internet, a nível nacional;
- A forte preocupação com a monitorização e vigilância generalizadas;
- A necessidade contínua de enfrentar os desafios da governança da Internet;
- A necessidade de evolução da cooperação global e *multistakeholder* da Internet;
- A necessidade da globalização das funções da ICANN e da IANA, e
- A necessidade de permitir que todas as partes interessadas (inclusive os governos) participem de forma igualitária.[15]

Em 9 de outubro, após a reunião de Montevidéu, o presidente da ICANN, Fadi Chehadé, cujo mandato é acelerar a internacionalização da ICANN, se reuniu com a presidente Dilma Rousseff, em Brasília. Após essa reunião, ela anunciou que o Brasil seria a sede da NETmundial. O ministro das Comunicações, um funcionário do Ministério das Relações Exteriores e dois membros do CGI.br serão os responsáveis pela organização da conferência.[16]

No último capítulo de seu livro, DeNardis identifica e, em seguida, discute uma série de questões não resolvidas nas relações entre a governança e o exercício da liberdade na Internet. Estas questões têm sido amplamente debatidas no Brasil, especialmente durante a elaboração do MCI, assim como na comunidade global da Internet. Entre elas estão

> "as tentativas de introduzir a regulamentação governamental em pontos de interconexão da Internet; as tensões mais amplas entre a governança *multistakeholder* e um maior controle dos governos, a publicidade online como uma barganha faustiana, na qual os usuários trocam sua privacidade por bens gratuitos na Internet; a tendência de reduzir o anonimato online ao nível de arquitetura técnica; a erosão da interoperabilidade da Internet; e a cooptação do DNS para torná-lo um mecanismo primário de controle de conteúdo da Internet".[17]

Estas são algumas das questões que poderão ser debatidas na conferência NETmundial.

Novamente citando o estudo abrangente de DeNardis,

> "De uma perspectiva global do século XXI, a liberdade na Internet ainda não foi alcançada. As mesmas tecnologias exatas que aumentam as possibilidades de liberdade econômica e comunicativa também são usadas pelos governos e pelas empresas privadas para restringir essas

liberdades. Não importa o quão arduamente as narrativas na mídia associam as mídias sociais e outras tecnologias da Internet com uma mudança política global, existe tanta repressão da Internet quanto há possibilidades de expressão política. Em muitas partes do mundo, os regimes totalitários criam redes de controle e vigilância que limitam as possibilidades para a privacidade e a liberdade individuais. Mesmo em países democráticos, os graus de liberdade na Internet relacionados à privacidade, expressão e autonomia individuais são constantemente negociados contra os valores conflitantes de segurança nacional e da aplicação da lei."[18]

A NETmundial reuniu en torno de 1300 participantes, representando governos, setor privado, sociedade civil e a comunidade científica/técnica vinda de 97 países. Reuniram-se em São Paulo, em 23-24 de abril de 2014. A cerimônia de abertura incluiu a presidente Dilma Roussef, que sancionou a Lei 12.965 no palco depois de falar, precedida por Vint Cerf, Tim Berners-Lee e outras figuras-chave nacionais e internacionais.

As mesmas questões que dominaram o debate sobre o MCI – neutralidade da rede, privacidade e direitos de propriedade intelectual – foram destaque nos quase 200 comentários por escrito sobre a primeira versão do "Documento de Resultados" da NETmundial, disponibilizado na Internet apenas em 14 de abril. Isto também aconteceu com as centenas de intervenções feitas pelos participantes da NETmundial, originárias de centros remotos ao redor do mundo, com links de vídeo para o evento, e pelos e-mails que podiam ser enviados de qualquer lugar do planeta. Os debates continuaram durante as sessões preparatórias. Estas estavam abertas à observação por parte dos participantes.

Como o MCI, a Declaração Multissetorial da NETmundial[19] (chamada pelos organizadores brasileiros Declaração Multissetorial de São Paulo) foi o produto de um processo participativo e aberto, que envolveu milhares de funcionários de governos, setor privado, sociedade civil e da comunidade técnica e acadêmica. Mas, neste caso, as contribuições para o processo de elaboração vieram não só do Brasil, mas de todo o mundo.

Assim como o MCI, também a Declaração Multissetorial da NETmundial incorporou inúmeros compromissos, resultado de pressões concorrentes de diferentes partes interessadas, e que, portanto, não satisfizeram completamente a nenhuma delas. Mas o documento não vinculativo foi aceito pela maioria esmagadora dos participantes da NETmundial como um consenso preliminar que define uma referência importante no processo atual de globalização da governança da Internet que ocorre em diferentes partes do ecossistema de governança da Internet (ver Figura 11), inclusive o IGF (o Fórum de Governança da Internet, que cresceu a partir da WSIS), e da conferência WSIS +10 sendo organizada pela UIT.

As 11 páginas da Declaração se dividem em duas partes: Princípios de Governança da Internet e as diretrizes (*roadmap* em inglês) para a evolução futura do Ecossistema de Governança da Internet.

Os princípios, alguns dos quais estão listados abaixo, lidam com direitos humanos e valores compartilhados; proteção dos intermediários; cultura e diversidade linguística; espaço unificado e não fragmentado; segurança, estabilidade e resiliência da Internet; arquitetura aberta e distribuída; ambiente favorável para inovação e criatividade sustentáveis; princípios de governança da Internet e padrões abertos. Os princípios mais específicos de governança da Internet estão descritos em nove parágrafos, intitulados *multistakeholder*; governança aberta, participativa, feita através de consenso; transparente; responsável; inclusiva e equitativa; distribuída;

colaborativa; envolvendo a participação significativa; acesso e barreiras baixas.

A neutralidade da rede foi discutida acaloradamente e no documento final ela não foi explicitamente mencionada na seção de princípios, embora essa seção inclua várias expressões que quase chegam a definir o conceito. Por exemplo, sob o título "espaço unificado e não fragmentado" encontra-se "baseado em um conjunto comum de identificadores únicos e que permite que os pacotes de dados/informação fluam livremente do ponto inicial até o final da conexão, independentemente do conteúdo legal." Na seção de roteiro intitulada "Pontos a serem mais discutidos depois da NETmundial" vemos o seguinte:

> *Neutralidade da Rede*: houve discussões muito produtivas e importantes sobre a questão da neutralidade da rede na NETmundial, com pontos de vista divergentes quanto à possibilidade ou não de incluir o termo específico como um princípio nos resultados. Os princípios incluem conceitos de uma Internet aberta e de direitos individuais à liberdade de expressão e informação. É importante que continuemos a discussão sobre a Internet Aberta, inclusive com tópicos tais como permitir a liberdade de expressão, a concorrência, as escolhas do consumidor, a transparência significativa e o gerenciamento de rede apropriado, recomendando que isto seja abordado em fóruns, como o próximo IGF.

Privacidade de dados pessoais: será tratada especificamente na seção de princípios sob direitos humanos e valores compartilhados:

> O direito à privacidade deve ser protegido. Isso inclui não estar sujeito à fiscalização arbitrária ou

ilegal, à coleta, tratamento e utilização de dados pessoais. O direito à proteção da lei contra tais interferências deverá ser garantido. Devem-se revisar os procedimentos, práticas e a legislação relativa à vigilância de comunicações, a sua intercepção e a coleta de dados pessoais, inclusive a vigilância em larga escala, interceptação e cobrança, visando a defesa do direito à privacidade, que garanta o pleno e efetivo cumprimento de todas as obrigações sob a lei internacional de direitos humanos.

Em seguida, na seção das diretrizes há uma declaração bastante fraca em relação à vigilância:

A vigilância arbitrária e em larga escala mina a confiança na Internet e a confiança no ecossistema de governança da Internet. A coleta e o tratamento de dados pessoais por atores estatais e não-estatais devem ser conduzidos de acordo com a lei internacional de direitos humanos. Um maior diálogo sobre esse assunto se faz necessário a nível internacional em fóruns, como o do Conselho de Direitos Humanos e do IGF, que visam o desenvolvimento de um entendimento comum sobre todos os aspectos relacionados.

Direitos de propriedade intelectual: são tratados na seção de princípios sob direitos humanos e valores compartilhados:

A liberdade de informação e acesso à informação: Todos devem ter o direito de acessar, compartilhar, criar e distribuir informação na Internet, de acordo com o direito dos autores e criadores, conforme estabelecido em lei.

Esta declaração foi vista por muitos participantes como uma vitória dos grandes provedores de conteúdo (os autores, a indústria cinematográfica, os estúdios de televisão, etc) sobre aqueles que vêem tais direitos como patrimônio intelectual comum da humandade e procuram reduzir as disposições de direitos autorais existentes no direito nacional e internacional.

O documento final foi lido na sessão plenária de encerramento realizada na noite de 24 de abril. Essa sessão começou quase três horas mais tarde do que programada por causa da controvérsia contínua na sessão de redação final. A Declaração foi aplaudida de pé pela maioria dos participantes. Mas quatro participantes, representantes da Rússia, Índia, Cuba e de parte da comunidade da sociedade civil, pediram então a palavra. O russo se opôs não apenas ao documento, com sua ênfase no caráter de *multistakeholder* em oposição à tomada de decisão multilateral (ou seja, os governos só decidem, como na Assembléia Geral da ONU ou no ITU, um país, um voto), mas também ao processo da NETmundial, que ele alegou não ter levado em consideração as propostas russas. O representante indiano disse que não poderia aceitar o documento, sem consultar o seu governo, enquanto o cubano afirmou que o documento não reconhecia o papel das Nações Unidas na manutenção da paz e de uma Internet segura, estável e aberta. O representante da sociedade civil disse que o documento não foi suficientemente longe para manter a privacidade e proibir a vigilância massiva online.

Na seção de diretrizes, a decisão do governo dos EUA para a transferência de administração das funções da IANA para uma ICANN globalizada foi bem recebida. Recomendou-se que "a discussão sobre os mecanismos que garantam a transparência e a responsabilidade dessas funções após o término do papel do Governo dos EUA tem de ter lugar através de um processo aberto, com a participação de todos os interessados além da comunidade da ICANN."

As diretrizes da declaração de São Paulo também defenderam o fortalecimento do IGF como uma organização *multistakeholder* que poderia servir como um fórum apropriado para uma discussão mais aprofundada das questões de governança da Internet. Especificamente, recomendou-se:

a) *Melhores resultados*: As melhorias podem ser implementadas, inclusive com formas criativas de fornecimento de resultados/recomendações e análise de opções políticas;

b) Prorrogação do mandato do IGF para além de cinco anos;

c) É essencial garantir o financiamento estável e previsível para o IGF, inclusive através de uma base de doadores ampliada;

d) O IGF deve adotar mecanismos com o objetivo de promover discussões em todo o mundo no período entre as reuniões através de diálogos inter-sessões.

Um IGF reforçado poderia servir melhor como uma plataforma para a discussão das questões antigas e das emergentes contribuindo para a identificação de possíveis maneiras de lidar com elas.

A NETmundial foi pioneira em um processo que provavelmente será imitado e aperfeiçoado em eventos futuros relativos não só à Governança da Internet, mas também a outros esforços nacionais e internacionais de formulação de políticas. Isso foi reconhecido nas intervenções feitas por muitos dos participantes, que também parabenizaram os organizadores da NETmundial pela realização do evento de uma forma verdadeiramente participativa, aberta. No momento final da sessão plenária alguém se levantou e gritou

"Obrigado, Edward Snowden". De fato, sem suas revelações, a NETmundial não teria ocorrida.

Capítulo 7: O Modelo Brasileiro de Governança da Internet

[1]   Boa parte desta descrição vem verbatim de http://www.cgi.br/sobre-cg/definicao.htm. Acessado 03/03/2014.

[2]   http://www.cgi.br/regulamentacao/resolucao2009-003.htm. Acessado 03/03/2014.

[3]   Para uma comparação lado a lado de todas as versões do PL 2126/11 veja Pimenta, Wagner, e Canabarro (2014).

[4]   Detalhes do percurso do PL 2126/11 na Câmara dos Deputados estão disponíveis em http://www.camara.gov.br/proposicoesWeb/fichadetramitacao?idProposicao=517255. Acessado 14/02/2014.

[5]   Veja Molon (2014) para uma exposição de todo o processo legislativo e a versão do PL 2126/11 apresentado à Câmara dos Deputados em fevereiro de 2014. A posição do CGI.br sobre elementos chaves da legislação em novembro de 2013 está em CGI.br (2013). Uma boa discussão dos assuntos em debate e as alterações introduzidas na versão de 11/11/2013 é DeLuca (2013). Para a versão final aprovada em 25/03/2014 veja http://www.camara.gov.br/proposicoesWeb/fichadetramitacao?idProposicao=517255. Acessado 26/03/2014.

[6]   Siqueira (2014).

[7]   http://www.ntia.doc.gov/press-release/2014/ntia-announces-intent-transition-key-internet-domain-name-functions. Acessado 17/03/2014.

[8]   Veja http://www.planalto.gov.br/ccivil_03/_ato2011-2014/2014/lei/l12965.htm. Acessado em 29 de abril de 2014.

[9]   Veja ITU (2012) para as atas finais da WCIT.

10   Wentworth (2013).

11   Ibid.

12   DeNardis (2014), Capítulo 10, Kindle Locations 3780-3784. O livro de DeNardis apresenta uma análise atualizada e detalhada da governança da Internet.

13   Para uma descrição e análise detalhadas da gestão, do nascimento e do desenvolvimento da NETmundial, veja Varon (2013).

14   http://1net.org/about. Acessado 15/02/2014.

15   http://www.apnic.net/publications/news/2013/ montevideo-statement-on-future-of-internet-cooperation. Acessado 04/03/2014.

16   http://www.cgi.br/acoes/2013/rea-2013-10.htm.

17   DeNardis (2014), Kindle locations 3791-3794.

18   Ibid, Kindle Locations 4147-4153.

19   Veja http://netmundial.br/wp-content/uploads/2014/04/ NETmundial-Multistakeholder-Document.pdf. Accessed 29 April 2014.

Capítulo 8

O Futuro da Internet no Brasil

As TIC, em geral, e a Internet, em particular, podem beneficiar os países que investem em infraestrutura eletrônica, dando aos usuários conexões rápidas, baratas e eficientes. A importância de uma sociedade interligada em rede vai além dos ganhos de eficiência possíveis graças aos poderosos dispositivos alimentados por cabos de fibra óptica e conexões sem fio de alta velocidade. Esta infraestrutura eletrônica, no entanto, é apenas um meio – um meio que pode ser usado para implementar uma estratégia de eTransformação que ataque os problemas institucionais de longa data que impedem o desenvolvimento do Brasil.

Mudanças necessárias na legislação, políticas e programas

Os capítulos anteriores mencionaram importantes propostas de legislação que vêm definhando no Congresso e que precisam ser aprovadas:

- PL 1.481/07, que exige o uso das receitas do Fust para acelerar a penetração da Internet de banda larga, ajudando a financiar a execução de um eventual PNBL 2.0,
- A Lei Geral das Antenas (PL 5.013/13), necessária para acelerar a implantação de serviços sem fio 4G, e
- o MCI (PL 2.126/11), que estabelece um quadro de princípios, garantias, direitos e obrigações (inclusive para o governo) para o uso da Internet no Brasil.

Se o MCI tornar-se lei, ele poderá fornecer um guia para outras leis, regulamentações, programas de governo e projetos.

A LGT já previu a necessidade de expandir as redes e facilitar o *unbundling*. Mas hoje ela está desatualizada: não previu a importância da banda larga fixa e móvel. Embora os novos regulamentos para a venda de largura de banda por atacado e, de forma mais geral, o Plano Geral de Metas de Competitividade representem avanços, a pressão das grandes empresas de telecomunicações pode dificultar a aplicação destas normas da Anatel. Mesmo não sendo nenhuma panacéia, a LGT, se fosse revista, poderia proporcionar uma estrutura melhor para o desenvolvimento da infraestrutura de banda larga, do mesmo modo em que o MCI poderia sê-lo para o uso da Internet.

A reforma tributária, tanto a nível federal quanto estadual, é necessária para muitas outras finalidades, mas para o desenvolvimento da Internet ela é fundamental. Aqui, as prioridades devem ser eliminar o excesso de tributação dos equipamentos e serviços de telecomunicações nos níveis estadual e federal e acabar com o desvio dos recursos do Fust, do Fistel e do Funttel para financiar o superávit primário.

Dois desafios

O Brasil enfrenta dois desafios com a Internet: acompanhar os rápidos avanços fora do país e tornar o desenvolvimento acelerado da infraestrutura de banda larga parte de uma ampla estratégia de eTransformação.

Hoje, outra onda de inovação está sendo impulsionada pelo *big data*, pelas novas capacidades de análise e pela computação móvel social e em nuvem. O ambiente está se transformando: de aplicações monolíticas, para serviços dinâmicos; de informações estruturadas, para informações não estruturadas; dos PCs para uma variedade sem precedentes de aparelhos; de tarefas estáveis para tarefas imprevisíveis; de uma infraestrutura estática, para serviços em nuvem; e de padrões proprietários, para inovação aberta. Aproveitar estas inovações exige melhorar a infraestrutura de banda larga.

O PNBL foi um avanço importante no desenvolvimento desta infraestrutura. Mas o Brasil deve fazer mais do que isso. O desafio para melhoria da conectividade à Internet é parte de um desafio mais amplo de aumentar o investimento na educação, na saúde, na segurança pública e na infraestrutura física necessária para continuar a avançar a justiça social e permitir que o Brasil desempenhe um papel relevante e construtivo na economia mundial. O esperado PNBL 2.0 deve ser incorporado a uma estratégia de eTransformação mais ampla, atualmente inexistente, para alcançar maiores sinergias entre as agências e os programas do governo e aproveitar economias de escala do tipo tratado neste livro. Assim poderiam ser realizadas as melhorias necessárias ao desenvolvimento sócio-econômico, à participação política e à competitividade que o Brasil precisa para se tornar uma potência global do primeiro mundo.

Formação de consenso

O Brasil está no caminho certo. Mas uma abordagem holística apoiada sobre um consenso mais amplo em torno da importância estratégica da Internet para o desenvolvimento econômico, social e político do país se faz necessária. É urgente construir este consenso para se obter o apoio politico, não só para a expansão acelerada da conectividade de banda larga, mas também para uma estratégia de eTransformação como o eixo principal das políticas globais de desenvolvimento do país.

A ausência deste tipo de consenso político foi claramente revelada quando a elaboração deste livro estava sendo concluída, em meados de março de 2014. Houve uma tentativa, por parte de alguns políticos dentro da coalizão que apoia o governo, de barganhar os seus votos por postos ministeriais no gabinete pré-eleitoral da presidente Dilma Rousseff. Embora alguns destes políticos se opusessem a partes do MCI por razões substantivas, a ameaça era maior: votar contra toda a legislação declarada urgente. Mas ao final o bom senso prevaleceu e o MCI foi aprovado pela Câmara dos Deputados no dia 25 de marco.

Neste caso a iminência da NETmundial ajudou a construir esse consenso necessário, assim como uma negociação habilidosa por parte do Relator do projeto e uma ampla discussão do assunto na mídia, coisa incomun para um assunto antes visto como técnico demais para tal cobertura. As mídias eletrônica e impressa ficaram seriamente engajadas nesta luta. Jornalistas especializados e o CGI.br ajudaram a mobilizar a cobertura necessária.

A televisão continua a ser o meio de comunicação predominante no Brasil: 97% das casas tinham um aparelho de TV a cor em 2012,[1] enquanto apenas 40% tinham um computador com acesso à Internet.[2] De acordo com pesquisa realizada pelo IBOPE, a média de horas diárias gastas assistindo televisão, em 2013, foi de cinco horas e 45 minutos.[3] A penetração da mídia impressa é menor: nos nove dias anteriores à pesquisa do IBOPE, 31% da população tinha lido um jornal e 36% uma revista.[4] Formatos de televisão – inclusive notícias, "revistas" como Globo Repórter ou Fantástico da TV Globo, entrevistas, telenovelas e minisséries – podem ser aproveitados para promover uma maior conscientização sobre a importância da Internet para indivíduos, famílias, cidades, empresas e para serviços públicos melhores.[5]

Considerações finais

O Brasil é favorecido por seus amplos recursos naturais, um setor agro-industrial dinâmico, uma estrutura industrial quase completa, um setor de serviços em rápido crescimento e uma população criativa. Esta população está passando por uma transição demográfica, porém ainda é relativamente jovem e flexível. A conectividade à Internet de alta velocidade é essencial para que o Brasil resolva seus problemas sociais de longa data e realize o seu pleno potencial de desenvolvimento, atendendo às demandas de seus cidadãos por uma vida melhor e contribuindo para a resolução dos problemas globais do século 21.

A realização destes objetivos é viável. Isso exigirá, porém, uma liderança inspirada e uma estratégia clara para aproveitar a revolução das TIC.

Capítulo 8: O Futuro da Internet no Brasil

1   http://www.sidra.ibge.gov.br/bda/tabela/protabl.
    asp?c=1954&z=pnad&o=3&i=P. Acessado 17/02/2014.
2   http://www.cetic.br/usuarios/tic/2012/A4.html.
    Acessado 17/02/2014.
3   http://www.ibope.com.br/pt-br/noticias/Paginas/
    Leitura-de-jornal-e-maior-na-Colombia-e-na-Guatemala-
    aponta-Media-Book-2013.aspx. Acessado 17/02/2014.
4   http://www.ibope.com.br/pt-br/noticias/Paginas/
    Leitura-de-jornal-e-maior-na-Colombia-e-na-Guatemala-
    aponta-Media-Book-2013.aspx. Acessado 17/02/2014.
5   Knight & Schiavo (2007).

Glossário de Acrônimos

ADSL	Asymetric Digital Subscriber Line
Anatel	Agência Nacional de Telecomunicações
Aneel	Agência Nacional de Energia Elétrica
ANSP	Academic Network at São Paulo
APC	Association for Progressive Computing
ARPA	Advanced Research Projects Agency (US)
BBS	Bulletin Board System
BITNET	Because It's Time Network
BRICS	Brasil, Rússia, Índia, China e África do Sul
CBTC	Companhia de Telecomunicações do Brasil Central
CDC	Cinturão Digital do Ceará
CDI	Comitê para a Democratização da Informática
CETIC.br	Centro de Estudos sobre as Tecnologias da Informação e da Comunicação
CGI.br	Comitê Gestor da Internet no Brasil
CIA	Central Intelligence Agency (US)
CNPq	Conselho Nacional de Desenvolvimento Científico e Tecnológico
DARPA	Defense Advanced Research Projects Agency (US)
DEPIN	Departmento de Política de Informática e Automatação, MCT
DNS	Domain Name System
EIC	Escola de Informática e Cidadania
FAPESP	Fundação de Amparo à Pesquesia do Estado de São Paulo

FAPERJ	Fundação Carlos Chagas Filho de Amparo à Pesquisa do Estado do Rio de Janeiro
FINEP	Financiadora de Estudos e Projetos
Fistel	Fundo de Fiscalização das Telecomunicações
FTTx	Fiber to the Home, Curb, Premises, etc.
Funttel	O Fundo para o Desenvolvimento Tecnológico das Telecomunicações
Fust	Fundo de Universalização dos Serviços de Telecomunicações
Gbps	Gigabits por segundo
Gesac	Governo Eletrônico – Serviço de Atendimento ao Cidadão
Ghz	Gigahertz
GVT	Global Village Telecom
IANA	Internet Assigned Numbers Authority
IBASE	Instituto Brasileiro de Análises Sociais e Econômicos
IBGE	Instituto Brasileiro de Geografia e Estatística
ICANN	Internet Corporation for Assigned Names and Numbers
ICMS	Imposto sobre Circulação de Mercadorias e Prestação de Serviços
IDI	ICT Development Index
IETF	Internet Engineering Task Force
IGC	Institute for Global Communication
IGF	Internet Governance Forum
ISOC	Internet Society
ITU	International Telecommunications Union
LARC	Laboratório Nacional de Redes de Computadores
LGT	Lei Geral das Telecomunicações
LNCC	Laboratório Nacional de Computação Científica

LTE	Long Term Evolution
Mbps	Megabits por segundo
MC	Ministério das Comunicações
MCT	Ministério de Ciência e Tecnologia
MCTI	Ministério de Ciência, Tecnologia e Inovação
MIT	Massachusetts Institute of Technology
Mhz	Megahertz
NIC.br	Núcleo de Informação e Coordenação do Ponto BR
NRI	Network Readiness Index
NSA	National Security Agency (US)
NSF	National Science Foundation (US)
ONG	Organização Não Governmental
OPGW	Optical Ground Wire
OSI	Open Systems Interconnection
PGMC	Plano Geral de Metas de Competição
PNAD	Pesquisa Nacional por Amostra de Domicílios
PNBL	Programa Nacional de Banda Larga
PNUD	Programa das Nações Unidas para o Desenvolvimento
PoP	Point of Presence
PPB	Processo Produtivo Básico
PSI	Provedor de Serviços Internet
REDLAC	Rede Latinoamericano de Computação
RNP	Rede Nacional de Ensino e Pesquisa (antes Rede Nacional de Pesquisa)
RST	Rede Sul de Teleprocessamento
SCM	Serviço de Comunicação Multimídia
SEI	Secretária Especial de Informática
SIM	Subscriber Identification Module
SPB	Sistema de Pagamentos Brasileiro
TCP/IP	Transmission Control Protocol/Internet Protocol

TIC	Tecnologias de Informação e Comunicação
UFRGS	Universidade Federal do Rio Grande do Sul
UFRJ	Universidade Federal do Rio de Janeiro
UNCED	United Nations Conference for Environment and Development
UNESP	Universidade do Estado de São Paulo
Unicamp	Universidade Estadual de Campinas
USP	University of São Paulo
UNESCO	United Nations Education, Science and Cultural Organization
WCIT	World Conference on International Communications
WEF	World Economic Forum
WSIS	World Summit on the Information Society
3G	Tecnologia sem fio da 3ª geração
4G	Tecnologia sem fio da 4ª geração

Referências

Akami, (2014). *The State of the Internet: Third quarter 2013 Report*. 6:3. http://www.akamai.com/dl/akamai/akamai-soti-q313.pdf?WT.mc_id=soti_Q313. Acessado 29/01/2014.

Almeida, M. (2013). "Em três anos, 48 mil lan houses fecham as portas no Brasil". IG, Economia: Seu Negócio, 11 de outubro. http://economia.ig.com.br/financas/seunegocio/2013-10-11/em-tres-anos-48-mil-lan-houses-fecham-as-portas-no-brasil.html. Acessado 09/02/2014.

Alvim, M. (2007). "Eletronet: um enigma das telecomunicações – sua viabilidade para o desenvolvimento nacional". Capítulo 16 em Knight, Fernandes & Cunha (2007), pp 374-393.

Anatel (2013). *Relatório Anual 2012*. Brasília: Anatel.

Anatel (2012). *Relatório de Gestão do Exercício 2011: Fundo de Universalização dos Serviços de Telecomunicações*. Brasília: Anatel.

Anderson, R., Barton, C. Böhme, R., Clayton, R., van Eeten, M. J. G., Levi, M.....Savage, S. (2012). "Measuring the Cost of Cybercrime", WEIS. http://weis2012.econinfosec.org/papers/Anderson_WEIS2012.pdf. Acessado 06/02/2014.

Assange, J., Appelbaum, J. Müller-Maguhn, A. & Zimmermann, J. (2012). *Cypherpunks: Freedom and the Future of the Internet*. New York and London: OR Books, Kindle Edition (2013).

Assumpção, R. & Falavigna, M. (2004). "Sampa.org: Um projeto de inclusão digital". Capítulo 9.1 em Chahin, Cunha, Knight & Pinto (2004), pp. 254-268.

Assumpção, R. & Mori, C. (2007). "Inclusão digital: Discursos, práticas e um longo caminho a percorrer." Capítulo 19 em Knight, Fernandes & Cunha (2007), pp. 431-442.

Ávila, F. de S. (2008), "Banda larga no Brasil: uma análise da elasticidade preço-demanda com base em microdados". Monografia de graduação do curso de economia da Universidade de Brasília, 2008.

Baer, W. (2001). *The Brazilian Economy: Growth and Development.* Fifth Edition. Westport, CT: Praeger.

Baggio, R. & De Luca, C. (2004). Escolas de informática, cidadania e inclusão digital." Capítulo 9.2 em Chahin, Cunha, Knight & Pinto (2004), pp. 261-268.

Baran, P. (1964). "On Distributed Communications: I. Introduction to Distributed Communications Networks". Memorandum RM-3420-PR. Santa Monica, California: The RAND Corporation. August. http://www.rand.org/content/dam/rand/pubs/research_memoranda/2006/RM3420.pdf. Acessado 12/03/2014.

Bilbat-Osorio, B., Dutta, S., & Lavin, B. (Orgs.) (2013). *The Global Information Technology Report 2013: Growth and Jobs in a Hyperconnected World.* Geneva: INSEAD and World Economic Forum.

Comitê Gestor da Internet, CETIC.br (2013). *TIC Domicílios e Empresas 2012.* São Paulo: CGI.BR. Este relatório e os mais antigos assim como relatórios especiais remontando até 2005 podem ser baixados em http://www.cetic.br/publicacoes/index.htm. Tabelas para 2012 disponíveis em http://www.cetic.br/usuarios/tic/2012/index.htm. Acessados 24/02/2014.

Bucco, R. (2013) "Minicom promete 24 mil novos postos Gesac em 2014". *A Rede* Dezembro 2. http://www.arede.inf.br/noticias/6399-minicom-promete-24-mil-novos-pontos-gesac-em-2014. Acessado 05/02/2014.

Cerf, V. G. & Kahn, R. E. (1974). "A Protocol for Packet Network Intercommunication". *IEEE Transactions on Communications"* SCOM-22:5, Maio http://pages.cs.wisc.edu/~pb/740/CK74.pdf. Acessado 25/03/2014.

Chahin, A., Cunha, M. A., Knight, P. T. & Pinto, S. L. (2004). *E-Gov. br: A próxima revolução Brasileira – Eficiência, qualidade e democracia: o governo eletrônico no Brasil e no mundo*. São Paulo: Prentice Hall.

Castells, M. (2010). *The Rise of the Networked Society*. Second Edition, with a new preface. New York: Wiley-Blackwell.

Castells, M. (2012). *Networks of Outrage and Hope: Social Movements in the Internet Age*. Cambridge, UK: Polity Press.

Castro, D. (2014). "Brasileiro mais pobre passa mais de um quarto do dia vendo televisão". http://noticiasdatv.uol.com.br/noticia/audiencias/brasileiro-mais-pobre-passa-mais-de-um-quarto-do-dia-vendo-televisao-1840 13 de janeiro. Acessado 17/02/2014.

Cerf, V. (Chair) et al. (2014). "ICANN's Role in the Internet Governance Ecosystem," Report of the ICANN Strategy Panel,

February 20. http://www.icann.org/en/about/planning/ strategic-engagement/governance-ecosystem/report-23feb14-en.pdf. Acessado 04/03/20142014.

Cerf, V. G. & Kahn, R. E. (1974). "A Protocol For Packet Network Intercommunication". *IEEE Transactions on Communications*, Vol. Com-2, No. 5, May.

Comitê Gestor do Programa de Inclusão Digital – CGPID, Secretaria Executiva (2010). *Brasil Conectado, Programa Nacional de Banda Larga*. Brasília: Presidência da República. http://www4.planalto.gov.br/brasilconectado/forum-brasil-conectado/documentos/3o-fbc/documento-base-do-programa-nacional-de-banda-larga. Acessado 24/01/2014.

CGI.br (2013). *O CGI.br e O Marco Civil da Internet: Defesa da privacidade de todos que utilizam a Internet; Neutralidade da rede; Inimputabilidade da rede*. São Paulo: CIG.br. http://www. cgi.br/publicacoes/documentacao/CGI-e-o-Marco-Civil.pdf. Acessado 04/03/2014.

Coelho, F. D. (2007). "Cidades Digitais: Caminhos de um programa nacional de inclusão digital". Capítulo 27 in Knight, Fernandes & Cunha (2007), pp. 460-488.

Comscore (2013). "Brazil: Digital Future in Focus: Key Insights for 2012 and what they mean for the coming year". Março. http://www.slideshare.net/idegasperi/dados-comscore-2013-sobre-o-comportamento-brasil. Acessado 31/01/2014.

Conner, M. (2012). Data on Big Data. 18 de julho. http:// marciaconner.com/blog/data-on-big-data/. Acessado 29/01/2014.

Considera, C. M., Franco, F. L., Saintive, M. B., Teixeira, C. P., Pinheiro, M. C., Moraes, R. K. ....Soares, D. P. (2002). "O Modelo Brasileiro de Telecomunicações: Aspectos concorrenciais e regulatórios". Agosto.

Dantas, V. (1988). *Guerrilha Tecnológica: A verdadeira história da política nacional de informática.* Rio de Janeiro & São Paulo: Livros Técnicos e Científicos.

DeLuca, C. (2013). Marco Civil: entenda o que mudou com a nova redação". http://idgnow.com.br/blog/circuito/2013/11/05/marco-civil-entenda-o-que-mudou-com-a-nova-redacao/#sthash.aRDLq8CF.dpuf. Acessado 12/02/2014.

DeNardis, L. (2014). *The Global War for Internet Governance.* New Haven and London: Yale University Press. Kindle Edition.

Detica & UK Cabinet Office (2011). *The Cost of Cybercrime: A Detica Report in Partnership with the Office of Cyber Security and Information Assurance in the Cabinet Office.* Guildford, Surrey, UK: Detica. https://www.gov.uk/government/uploads/system/uploads/attachment_data/file/60943/the-cost-of-cyber-crime-full-report.pdf. Acessado 6/02/2014.

Falavinha, M. (2011). *Inclusão Digital: Vivências brasileiras.* São Paulo: IPSO - Instituto de Projetos e Pesquisas Sociais e Tecnológicas. http://www.scribd.com/doc/73749199/Mauricio-Falavigna-Inclusao-Digital-Vivencias-Brasileiras-Web-Version#download.

Federação Brasileira de Bancos – FEBRABAN (2012). "Tecnologia para Acelerar." CIAB Febraban. Dezembro. http://www.ciab.com.br/_pdfs/publicacoes/2012/43-Dez2012.pdf. Acessado 25/06/2013.

Galitsky, A. V., Knight, P. T., Tichonov, M. E., Chapljgin & Volipov, A. V. (1994). "Network Infrastructure Development and Defense Industry Conversion for Satellite Towns: Using and Building an Electronic Distance Education System for Russia with Connections to the Worldwide Information Society." Moscow: Proceedings of the Second International Conference on Distance Education in Russia. http://web.archive.org/web/20021229152224/http://knight-moore.com/pubs/pubsindex.htm. Acessado 24/02/2014.

Gantz, J. & Reinsel, D. (2012). "The Digital Universe In 2020: Big Data, Bigger Digital Shadows, and Biggest Growth in the Far East". IDC report for EMC, dezembro. http://idcdocserv.com/1414. Acessado 29/012014.

Gazzarrini, R (2013). "Brasil: vendas de smartphones batem recorde no terceiro trimestre de 2013" Tecmundo 28 November. http://www.tecmundo.com.br/celular/47627-brasil-vendas-de-smartphones-batem-recorde-no-terceiro-trimestre-de-2013.htm#ixzz2rvln4yqi. Acessado 30/01/2014.

Ghonim, W. (2012). *Revolution 2.0: The Power of the People is Greater than the People in Power – a Memoir*. New York and Boston: Houghton.

Grizendi, E., Simões da Silva, N. & Stanton, M. (2012). "Brazilian experience of connecting at 100 Mb/s and 1 Gb/s universities and researcher institutions in the interior of the country". Proceedings and report of the 5th UbuntuNet Alliance annual conference, ISSN 2223-7062, Dar es Salaam, Tanzania: 15 -16 novembro.

Grizende, E. & Stanton, M. (2013). "Use of Subfluvial Optical Cable in a Region Without Land-Based Infrastructure – a Project to

Deploy Advanced Communications in the Amazon Region". *Proceedings and reports of the 6th UbuntuNet Alliance annual conference, 2013*, pp 53-68. http://www.ubuntunet.net/sites/ubuntunet.net/files/grizend.pdf. Acessado 07/02/2014.

Guedes, E. M.; Pasqual, D. de; Pitoli, A. e Oliva, B. (2008), "Avaliação dos impactos da cisão das operações de STFC e SCM em empresas distintas". Tendências Consultoria Integrada. julho. (Nota Técnica).

Haffner, K. & Lyon, M. (1996). *Where Wizards Stay Up Late: The Origins of the Internet.* New York: Touchstone.

Hanna, N. K. & Knight, P. T. (eds). (2011). Seeking Transformation Through Information Technology: Strategies for Brazil, China, Canada and Sri Lanka. New York: Springer.

Hanna, N. K & Knight, P. T. (eds.). (2012). *National Strategies to Harness Information Technology: Seeking Transformation in Singapore, Finland, the Philippines, and South Africa.* New York: Springer.

Hsia, T. & Sperli (2013). "How Cyberwarfare and Drones Have Revolutionized Warfare". International New York Times. June 17. http://atwar.blogs.nytimes.com/author/tim-hsia-and-jared-sperli/. Acessado 06/02/2014.

Hutchinson, J. (2013). "McAfee regrets 'flawed' trillion dollar cybercrime claims. *Financial Review* 19 agosto. http://www.afr.com/p/technology/mcafee_regrets_flawed_trillion_dollar_msQ2WFkVLEZKx7Yv7ZCMQI. Acessado 06/02/2014.

IBOPE Inteligência (2013). *ICS – Índice de Confiança Social 2013.* http://www.ibope.com.br/pt-br/noticias/paginas/cai-a-confianca-dos-brasileiros-nas-instituicoes-.aspx. Acessado 24/02/2014.

Instituto Brasileiro de Geografia e Estatística – IBGE (2013). *Pesquisa Nacional Por Amostra de Domicílios 2012.* Rio de Janeiro: IBGE.

International Telecommunications Union – ITU (2012). *Final Acts of the World Conference on International Telecommications.* Dubai: ITUhttp://www.itu.int/en/wcit-12/Documents/final-acts-wcit-12.pdf. Acessado 15/02/2014.

International Telecommunications Union – ITU (2013). *Measuring The Information Society 2013.* Geneva, ITU. http://www.itu.int/en/ITU-D/Statistics/Documents/publications/mis2013/MIS2013_without_Annex_4.pdf.

Jensen, M. (2011). *Broadband in Brazil: A Multipronged Public Sector Approach to Digital Inclusion.* Washington, D.C.: Infodev.

Kleinrock, L (1961). "Information Flow in Large Communication Nets", *RLE Quarterly Progress Report,* July.

Kleinrock, L. (1964). *Communication Nets: Stochastic Message Flow and Delay.* New York: Mcgraw-Hill.

Knight, P. T. & Fernandes, C. C. C. (2006). *e-Brasil: Um programa para acelerar o desenvolvimento socioeconômico aproveitando a convergência digital.* São Caetano do Sul, São Paulo: Yendis.

Knight, P. T., Fernandes, C. C. C, & Cunha, M. A. (eds.). (2007). *E-Desenvolvimento no Brasil e no mundo: Subsídios e Programa e-Brasil*. São Caetano do Sul, São Paulo: Yendis.

Knight, P. T. & Schiavo, M. R. (2007). "Desenvolvimento de um consenso nacional". Capítulo 11 em Knight, Fernandes & Cunha (2007), pp 273-291.

Knight, P. T. & Annenberg, D. (2008). "Brazil's Experience with Integrated Citizen Service Centers. Apresentação PowerPoint in em Prefeitura de Zelenograd. Oblast de Moscou, Federação Russa, 28 de maio.

Knight, P. T. & Wanderley, C. A. (2004). "O Sistema de Pagamentos Brasileiro (SPB)". Capítulo 4.4 em Chahin, Cunha, Knight & Lemos (2004).

Knight, P. T. (2008). "Argumentos econômicos em favor do e-desenvolvimento". *Revista de Economia & Relações Internacionais.* 6:12, janeiro, pp 81-102. http://www.faap.br/revista_faap/rel_internacionais/pdf/revista_economia_12.pdf. Acessado 25/01/2014.

Knight, P. T. (2013). "A Internet no Brasil: Insuficiência estratégica restringe o progresso". *Braudel Papers* No. 48. São Paulo. http://pt.braudel.org.br/publicacoes/braudel-papers/downloads/portugues/bp48_pt.pdf. Acessado 25/01/2014.

Lunden, I. (2013). "Mobile Data Traffic To Grow 300% Globally By 2017 Led By Video, Web Use, Says Strategy Analytics". 3 de julho. http://techcrunch.com/2013/07/03/mobile-data-use-to-grow-300-globally-by-2017-led-by-video-web-traffic-says-strategy-analytics/. Acessado 25/01/2014

Macedo, H. R., & Carvalho, A. X. Y. (2010). "Aumento da Penetração do Serviço de Acesso à Internet em Banda Larga e seu Possível Impacto Econômico: Análise Através de Sistema de Equações Simultâneas de Oferta e Demanda". Textos Para Discussão do Ipea, nº 1495, maio.

Markoff, J. (2013). "Viewing where the Internet Goes". *New York Times*, 31 de dezembro, p. D5. Disponível em http://www.nytimes.com/2013/12/31/science/viewing-where-the-internet-goes.html. Acessado 15/02/2014.

Mattos, C. (2014). "Por que custa caro ligar de telefone fixo para celular". Brasil: Economia e Governo, 4 de fevereiro. Disponível em http://www.brasil-economia-governo.org.br/2014/02/04/por-que-custa-caro-ligar-de-telefone-fixo-para-celular/#respond. Acessado 24/02/2014.

Menezes de Carvalho, M. S. R. (2006). *A Trajetória da Internet no Brasil: Do surgimento das redes de computadores à institucionalização dos mecanismos de governança.* Dissertação para a obtenção do grau de Mestre em Ciências de Engenharia de Sistemas de Computação, COPPE/UFRJ. Setembro.

Ministério das Comunicações (MC) (2013). "Programa Nacional de Banda Larga PNBL Situação em Junho de 2013". Apresentação Powerpoint.

Molon, A. (2014). *Substitutivo Oferecido em Plenário em Substituição à Comissão Especial Destinada a Proferir Parecer ao Projeto de Lei N° 2016 de 2011, do Poder Executivo, que "Estabelece Princípios, garantias, direitos e deveres para o uso da Internet no Brasil".* Brasília: Câmara dos Deputados. http://www.camara.gov.br/proposicoes

Web/prop_mostrarintegra?codteor=1225789&filename=
Parecer-PL212611-12-02-2014. Acessdo 14/02/2014.

Mundy, S. (2014). "Global Smartphone Sales Top 1bn in 2013, shoes IDC Report". *Financial Times*, 28 de janeiro.

Nazereno, C. (2014). *Texto de Referência Acerca do Marco Civil da Internet para o 'Fique por Dentro'*. Nota Técnica. Brasília: Consultoria Legislativa. Disponível em http://www2. camara.leg.br/documentos-e-pesquisa/fiquePorDentro/ temas/marco-civil/texto-base-da-consultoria-legislativa-pdf. Acessado 12/02/2014.

Paganini, P. (2013). "2013 – The Impact of Cybercrime". Infosec Institute, November 1. http://resources.infosecinstitute. com/2013-impact-cybercrime/. Acessado 06/02/2014.

Peregrino, F. and Porto, T. (2004). "Infovia.RJ: O novo caminho da Internet no Rio de Janeiro." Capítulo 10.1 em Chahin et al., pp 294-304.

Pimenta, M., Wagner, F., & Canabarro, D. (2014). "Tabela comparativa das versões do Substitutivo do Dep. Alessandro Molon ao texto do Projeto de Lei 2.126/2011 (Marco Civil da Internet do Brasil), incluindo a versão aprovada na Câmara dos Deputados em 25 de março de 2014". Porto Alegre, RS: Centro de Estudos Internacionalis sobre Governo. 26 de março. http://www.ufrgs.br/cegov/files/gtgov_marcocivilaprovado. pdf. Acessado 26/03/2014.

Ramires, E. (2014). "A neutralidade e o futuro das redes de banda larga". *Valor Econômico*, 11 de fevereiro.

Roncolato, M. (2013). "Marco Civil: Apoio é que não falta"..*br* 5:4, pp. 5-11. November. http://www.cgi.br/publicacoes/revista/edicao05/index.htm. Acessado 04/042014.

Qiang, C. Z. & Rossotto, C. M. (2009). "Economic Impacts of Broadband". Capítulo 3 em World Bank (2009), pp. 35-50.

Schumpeter, Joseph A (1950). *Capitalism, Socialism, and Democracy,* Third Edition. New York: Harper and Row.

Schwab, K. (2013). *Global Competitiveness Report 2013-2014.* Geneva: World Economic Forum.

Siqueira, E. (2014). "Para entender o polêmico Marco Civil da Internet". http://www.telequest.com.br/portal/index.php/destaque/1182-para-entender-o-polemico-marco-civil-da-internet. 21 de fevereiro.

Slater, W. F. III (2002). "Internet History and Growth". Apresentação à ISOC - Chicago. http://www.internetsociety.org/sites/default/files/2002_0918_Internet_History_and_Growth.ppt. Acessado 25/01/2014.

Smith, A. (2011). *An Inquiry into the Nature and Causes of The Wealth of Nations.* ISBN 978-1-937810-33-7. Seedbox Press, LLC. Kindle Edition. Publicado pela primeira vez em 1776.

Stanton, M. (1993). "Non-Commercial Networking in Brazil". Proceedings INET 1993. pp GFB1-GFB10.

Stanton, M, Machado, I, Faerman, M, Moura, A. L., Brauner, D. F., Marins, . . . Rodríguez, N. (2010). "RNP: A Brief Look at the Brazilian NERN". Apresentado no Terena Networking Conference (TNC2010). Vilnius, Lithuania. Publicado em

TNC 2010 – Living the Network Life. Vol.1. Amsterdam: Trans-European Research and Education Networking Association.

Symantic (2013). "Relatório Norton 2013: Custo por Vítima do Cibercrime cresce 50%". 2 de outubro. http://www. symantec.com/pt/br/about/news/release/article. jsp?prid=20131002_01. Acessado 06/02/2014.

Takahashi, T. (organizador). (2000). *Sociedade da Informação no Brasil: Livro Verde*. Brasília: Ministério da Ciência e Tecnologia. Setembro. Disponível em http://www.mct.gov.br/index.php/ content/view/18878.html. Acessado 23/01/2014.

Takahashi, T. (2007). "Rumo a um e-Brasil: pontos a ponderar". Capítulo 10 em Knight, Fernandes & Cunha(2007), pp 222-272.

Telebrasil (2013). *Desempenho do Setor de Telecomunicações no Brasil. Séries Temporais. 2012*. Rio de Janeiro: Telebrasil, abril.

Thorvaldur, G. (2013). "Democracy on ice: a post-mortem of the Icelandic constitution". http://www.opendemocracy.net/can-europe-make-it/thorvaldur-gylfason/democracy-on-ice-post-mortem-of-icelandic-constitution. Acessado18/02/2014.

Toledo, Paulo F. (2004). "Inclusão digital: Uma proposta empreendedorista". Capítulo 9.3 em Chahin, Cunha, Knight & Pinto (2004), pp. 269-277.

Trend Micro (2013). "Brasil: Desafios de Segurança Cibernética Enfrentados por uma Economia em Rápido Crescimento" http://www.trendmicro.com.br/cloudcontent/br/pdfs/ home/wp-brasil-final.pdf. Acessado 06/02/2014.

Trend Micro (2014). *TrendLabs 2013 Annual Security Roundup: Cashing in on Digital Information – An Onslaught of OnlineBanking Malware and Ransomware.* http://housecall. trendmicro.com/cloud-content/au/pdfs/security-intelligence/reports/rpt-cashing-in-on-digital-information. pdf. Acessado 12/02/2014.

Varon, J. F. (2013). "Conferência Multissetorial Global sobre o Futuro da Governança da Internet: o que é? de onde veio? para onde vai?" http://observatoriodainternet.br/conferencia-multissetorial-global-sobre-o-futuro-da-governanca-da-internet-o-que-e-de-onde-veio-para-onde-vai. 28 de novembro. Acessado 04/03/2014.

Wentworth, S. S. (2013). "Testimony to the House of Representatives on the results of WCIT". http://www. internetsociety.org/doc/WCIT_hor_testimony. Acessado 15/02/2014.

Wilgren, M. (2013). "The Birth and Death of Big Data". The Data Center Journal. 29 de abril. http://www.datacenterjournal. com/it/birth-death-big-data/#!prettyPhoto. Acessado 29/01/2014.

World Bank (2009). *Information and Communications for Development: Extending Reach and Increasing Impact.* Washington DC: World Bank.

Zweig, S. (1943). *Brazil: Land of the Future.* New York: Viking Press. Original publicado em alemão em 1941: *Brasilien, Ein Land der Zukunft.*

Sobre o Autor

Peter T. Knight é um economista especializado no uso de tecnologias de informação e comunicação para acelerar o desenvolvimento econômico, social e político. Morador do Rio de Janeiro, ele é membro fundador, pesquisador e membro do Conselho Diretor do Instituto Fernand Braudel de Economia Mundial, em São Paulo.

Peter tem um Ph.D pela Universidade Stanford e graus pelo Dartmouth College em Ciência Política e pela Universidade de Oxford em Política, Filosofia e Economia. Ele já trabalhou na Organização para a Cooperação e Desenvolvimento Econômico - OCDE (Paris), no Centro de Treinamento para o Desenvolvimento Econômico - CENDEC (Rio de Janeiro), na Brookings Institution (Washington DC), Fundação Ford (Lima, Peru), Universidade de Cornell e no Banco Mundial, onde foi Economista Chefe para o Brasil, Chefe da Divisão de Gestão Econômica Nacional do Instituto de Desenvolvimento Econômico e Chefe do Centro de Mídia Eletrônica.

Durante seus 20 anos no Banco Mundial, dirigiu estudos pioneiros sobre o Brasil, estudando a pobreza e as necessidades básicas, a estabilização econômica e a análise macroeconômica dos sistemas financeiros. No Centro de Mídia Eletrônica produziu 15 documentários e vídeos para a televisão com o enfoque no uso das tecnologias de informação e comunicação para o desenvolvimento. Apoiou a produção de dois documentários russos sobre a inflação e a transição político-econômica na ex-União Soviética e uma mini-série de dez episódios nas redes de televisão naquele país. Foi co-organizador de duas conferências internacionais sobre educação a distância realizadas em Moscou.

Depois de sair do Banco Mundial, em 1997, trabalhou como consultor na África do Sul, Zimbabwe, Qatar, Paquistão, Bahrein, Rússia e vários estados brasileiros. Um brasilianista bem conhecido, ele é o autor ou autor organizador de nove livros anteriores sobre o Brasil em inglês e português e de mais de 150 artigos, capítulos em outros livros e relatórios do Banco Mundial. Foi o coordenador geral do Projeto e-Brasil, que reuniu 70 autores brasileiros e internacionais, colaboradores na produção de um livro de 40 capítulos, eDesenvolvimento no Brasil e no Mundo. Em 2008 este livro ganhou um cobiçado Prêmio Jabuti da Câmara Brasileira do Livro.

Nascido em Cleveland, Ohio, Peter fala fluentemente francês, português e espanhol e razoávelmente russo.

Índice Remissivo

C

Cacoal 47

Campo Magro 48

Campos, Ivan Moura xvi, 30, 35

Cardoso, Fernando Henrique
(também FHC) xvi, xvii

Castells, Manuel 54

Castro, Luis Guilherme 51

CBTC 143

Ceará xviii, 84, 85, 86, 143

Celpa 84

celulares 7, 15, 44, 45, 51, 68, 69, 70

Cerf, Vint xi, xix, 18, 19, 21, 128

CERN 20, 32

CETIC.br (também Centro de
Estudos sobre as Tecnologias
da Informação e da
Comunicação) xix, 41, 42, 45,
57, 58, 62, 63, 88, 95, 98, 109,
141, 143, 149

CGI.br (também Comitê Gestor da
Internet no Brasil) xi, xii, 2, 29,
30, 32, 34, 40, 41, 62, 103, 107,
108, 109, 110, 111, 118, 120,
127, 134, 135, 139, 143, 149,
150, 157

Chehadé, Fadi 126

China 3, 8, 52, 65, 66, 67, 124, 143,
153

Cidade digital (também cidades
digitais) 60

Cinturão Digital 85, 143

Claro xx, 36, 44, 55, 72, 79

CNPq 25, 27, 30, 143

Coelce 85

Coelho, Franklin Dias 61, 64, 150

Cofins 69, 88, 95, 96

Coimbra, Artur xix

Coimbra, Asafe 48

Constituição Wiki 54

Conteúdo nacional 68, 71, 92, 96

Coordinating Committee for
Intercontinental Research
Networks 29

Copel (também Copel Telecom) 48,
86

Crowdsourcing xii, 54

Cunha, Alexandra xvii

Cybercrime 147, 151, 153, 157

Cyberwarfare 153

D

da França, Mariana Silva 51

DARPA 17, 143

de Almeida, Leandro Dias 48

Decreto Presidencial 34, 74, 104,
107

DeGroff, Robert xix

DeNardis, Laura 125

DEPIN 24, 143

de Silva, Bhrian Machado 51

Digital Equipment Corporation 23

Direct Wi-Fi 48

Distrito Federal 30, 44, 69, 80

DSL 43

www.ingramcontent.com/pod-product-compliance
Lightning Source LLC
LaVergne TN
LVHW042137040326
832903LV00011B/282/J